止戈為武

中華武術在香江

增訂版

止戈為武

增訂版

中華武術在香江

麥勁生 著

策劃編輯　梁偉基

責任編輯　張軒誦

書籍設計　吳冠曼　陳朗思

書籍排版　陳朗思

書　　名　止戈為武：中華武術在香江 增訂版

著　　者　麥勁生

出　　版　三聯書店（香港）有限公司

　　　　　香港北角英皇道 499 號北角工業大廈 20 樓

　　　　　Joint Publishing (H.K.) Co., Ltd.

　　　　　20/F., North Point Industrial Building,

　　　　　499 King's Road, North Point, Hong Kong

香港發行　香港聯合書刊物流有限公司

　　　　　香港新界荃灣德士古道 220-248 號 16 樓

印　　刷　美雅印刷製本有限公司

　　　　　香港九龍觀塘榮業街 6 號 4 樓 A 室

版　　次　2016 年 2 月香港第一版第一次印刷

　　　　　2022 年 7 月香港增訂版第一次印刷

規　　格　16 開（168 × 230 mm）256 面

國際書號　ISBN 978-962-04-4959-8

增訂版緣起

　　本書原屬由張瑞威教授、游子安教授主編的「細味香江系列」之一種，自 2016 年出版後受到讀者追捧，成為當年暢銷書。

　　是次再版，不是按初版重印或做少量修訂工作，而是大幅擴充了第七章的內容，並對前六章的資料進行增補修正，同時增加一些圖片。改以單行本出版，在開本大小上、設計風格上另闢蹊徑，帶給讀者全新感覺之餘，也讓他們翻閱起來更覺舒適。

　　為甚麼我們要增訂再版本書？誠如麥勁生教授在本書〈導論〉中所言：「香港的社會環境自戰後急速變化，武術賴以發展的條件也漸漸失落。幾十年過後，傳統中國武術在香港的風氣事實上也並不如前。如何承先啟後，是不少熱愛中國武術的香港人的共同問題。」

　　通過中華武術在香港的發展，讀者得以瞭解香港如何轉化傳統文化，而這些文化又是怎樣與社會交互影響。這便是本書價值所在，也是我們決定增訂再版之目的所在。

三聯書店（香港）有限公司
2022 年 7 月

從未想過本書有再版的機會。

歷史充滿偶然。2003 年沙士期間健身室關閉，從此愛上爆汗的高帶氧運動；進出極為不便，放棄了幾十年來的堅持，考了車牌。疫情過後，萌生學習新玩藝的念頭，在當時還有分類廣告的報紙上偶爾看到洪拳師父麥志剛的招生宣傳，七十年代武打片剪影和自己三腳貓功夫的片段湧入腦海。錯失和魯莽，幾次撲空之後，終有機會拜入麥志剛師門下。武術之火點起，一發不可收拾，每週驅車到沙田隨師學藝，私下每晚鍛煉，節日、風雨不改，之後胡亂再學過不同中外武術。限於資質，柔道還只是「牛道」，詠春拳學得粗中欠細，更多的不堪回首，但身體的鍛煉、文化的感受帶來無限滿足。因為喜歡學習、喜歡閱讀、喜歡講課，弄來一個虛名，所以有緣在 2014 年接下《止戈為武：中華武術在香江》的稿約，幾經拖延後在 2016 年成書出版。

寫作《止戈為武》的一大得著是在學術方面的，對近百年香港武術有了一個概括的認識，之後再閱讀相關資料，稍為懂得分辨、判斷和取捨，後來寫過的一些文章和快要出版的另一專著，都建立在這基礎上。另一得著是個人的，前前後後認識了太多的好友和名師，不少的名字都如雷貫耳。難得他們不嫌棄我這年長後輩，我想追查的資料，他們全力提供；我希望認識的人物，他們盡量介紹。反過來，他們對我的寫作也有興趣，講座茶聚之間，互通有無，不亦樂乎。

人文學科真的不同於自然科學，一個人文學科的研究從孕育想法、尋找資料、閱讀、建立起研究框架、再閱讀、修正……最終寫出一個完整論述，兩三年是最基本的，所以專著是最適合的出版方法。

想起當日從構思到完成，整個想法和論述，不知經歷多少變化。拿着成品回望起點，慶幸之前無須將章節分階段投稿期刊，否則個人履歷上只會多了幾篇我不再同意、也不忍卒睹的文章。大半年前開始修訂本書，同樣發覺看法有了極大改變。改變和個人經歷有關，離開了服務四分一世紀的機構，新的工作讓我能以新的眼光看事情。改變也因為閱讀、和不同界別人士的交流、前輩的啟導、自己的反思。本書的前六章主要是資料的增補修正，第七章卻大幅擴充，調子完全不同。從新生代的努力、前輩的自強，我深信在香港的中國傳統武術還有更長、更健康的路可走。

之前為朋友的武術論著寫書介，[1] 借用德國哲學家康德（Immanuel Kant）的幾個問題，去思索武者的關懷。我想假如承傳武術者，持之以恆之中，仍能對以下問題有真切和堅定的答案：

學武，「我能知道什麼？」

學懂武，「我該做什麼？」

反覆苦練「我能希冀什麼？」

「武是什麼？」

武術之路還是不枉走。

麥勁生

2022 年 2 月 12 日

灣仔

註釋

1　〈武術豐富心靈 武者以刀銳意〉載於灼見名家網站 https://www.master-insight.com/%e6%ad%a6%e8%a1%93%e8%b1%90%e5%af%8c%e5%bf%83%e9%9d%88-%e6%ad%a6%e8%80%85%e4%bb%a5%e5%88%80%e9%8a%b3%e6%84%8f/，〔瀏覽日期，2022 年 2 月 12 日〕。

序言

　　我們所見的一樹一木、一座大廈或者一個城市，它們從前都不是這樣的，將來也不會是同一模樣。歷史工作者的任務說來並不複雜，我們找材料，用新方法和證據，去解釋人、事和歷史環境的變遷。但是，我們一直忽略了一些課題，對另一些課題又似懂非懂，不瞭解當中的重要細節。有些課題像未完成的拼圖，缺少了重要的幾塊。當然也有一些課題，研究已經非常完備，可以作綜合的整理。近年香港史研究非常興旺，各類型的新作品，叫我們大開眼界。我有幸獲邀寫作有關中國武術在香港的故事，做的也是綜合性的工作。

　　因資質所限，學過幾門不同的武術，都無所得，但熱情卻未消減，而且認識了一些武術界的朋友，搜集到一些資料。憑着既有的歷史學訓練，我嘗試講一下中國武術在香港承傳和發展的故事。我專注的是明代以來，南北各地逐漸發展出來的，以技擊為主，輔以養生健體的傳統武術。不同的土壤長出不同的果實。中國武術發源於內地，至二十世紀初大舉遷移香港，並經過不同階段的發展，其歷程也是香港歷史的側影。

　　個別門派的內涵和演變並非本書所重。我關心的是在香港這個獨特的環境中，武術的存活形式和高低起落。在細節地方有疏漏是必然的，討論未能面面俱到也自可想見。但研究過程中，我對香港的文化和社會卻是另有體會，所以即使無裨益於大眾，至少增進了個人閱歷。

　　感謝研究助理顧馨美年來的全力支持，如果沒有她走遍大小圖書館及武館，四出拍照和日以繼夜地工作，此書絕不能完成。也感激當

代中國研究所的其他同事分擔了大小工作。一些武林前輩，包括我的洪拳師父麥志剛、柔道師父魏維和、見多識廣的蔡李佛師父張勇傑、悉心研究中國武術的中華國術總會趙式慶先生、詠春教練 Eric，以及近來談得投契的大聖劈掛門李飛標師父和陳氏太極林文輝師父等，都給我非常有用的提點，在此向他們表示謝意。舉目四顧，知識和啟迪往往就在身邊。人與事，不知不覺地改變和豐富了我的生命。對這一切，我常懷感恩。

麥勁生

2016 年 1 月 1 日

九龍塘

目錄

導論　001

01　從明到清，從北到南　013

文獻中的明代武林風貌 /015　清代社會和廣東武術 /022
南北武術相遇廣東 /032　香江武林盛極一時 /038

02　武術、武館和擂台　055

戰後南北宗師授業營生之法 /058　師、徒、武館 /073
從吳、陳比武到國術擂台 /086

03　文字、聲音和影像中的武術世界　103

民國以前的武俠小說 /105　民國北派武俠小說的影響 /108
廣派和香港武俠小說 /109　無窮的想像：武俠廣播劇 /117
從神怪武俠片到武打片：黃飛鴻系列的影響 /119
龍虎武師、武術指導和武打演員 /123

04　李小龍與武術熱潮　135

名震中外的李三腳 /137　後李小龍時代的功夫電影 /145
後李小龍時代的功夫電視劇 /149
李小龍和後李小龍時代的功夫漫畫 /150

05 工業化衝擊下的香港武術　**159**

娛樂越來越多元化 /163　武俠電影步向式微 /164
東亞武術的競爭 /169　擂台上的新挑戰 /176

06 新時代、新位置　**191**

社會經濟的大轉型 194　香港武術界努力迎接挑戰 /197
傳統武術與現代武術 /204　面對更新式的武術形態 /212

07 中國武術的新領域　**221**

格鬥以外的文化面相 /226　劍的跨文化之旅 /229
武術原生態的重塑和再造 /232　新的武術空間 /236

導論

矛盾和衝突存在於任何社群，無法調解的矛盾常常導致武力衝突，所謂「民物相攖而有武矣」。根據文字學考證，「武」在甲骨文的造字，由「戈」與「止」組成，「戈」象徵武器，「止」象徵腳趾。手上持戈，腳步向前，是揮兵向敵之意。[1] 但《左傳‧宣公十二年》一段說話：「夫文，止戈為武。……夫武，禁暴、戢兵、保大、定功、安民、和眾、豐財者也。故使子孫無忘其章」，[2] 卻有了更複雜的意涵，強調武有更高遠的價值，是要禁止強暴、鞏固功業和守護和平。上面講的兩種武的含義，都指涉國家的軍政大事，「止戈為武」何時融入於老百姓的世界，卻是無從稽考。

歷史所見，在大大小小的社群，鬥爭與和平交替出現，兩者也好像共生共存。天地不仁，鬥爭自然難免，無法自保的，難言長治久安。一旦兵戎相見，勝負難料，但人命財產必有損失。所以，在現實世界，如要在和平和鬥爭兩者間選擇，相信普遍人寧取前者。問題在於遇敵不能戰，又豈有選擇和平的機會？所以為求在隨時來臨的對抗中得到優勢，個人以至社群都會總結戰鬥經驗，認識己方體質和物質條件上的狀況，權衡不同的對手和戰鬥形式，從而發展出鍛煉和實戰的方法，並經反覆使用、修正和整理而不斷發展。回看歷史，尤其在冷兵器和法令尚不完備的時代，個人為保身家性命而習武；大小社群，由鄉鎮到國家也建立起集體防衛。簡言之，個人和社群因存活需要而習武、用武。

先秦至三國時期已有「武藝」和「技擊」等詞，是指徒手和器械的格鬥技術。馬廉禎強調「武藝」應屬軍旅之技。清代之後「武術」逐漸取代「武藝」，表示冷兵器戰爭時代淡出。[3]「功夫」包含為鍛煉武藝所下的日力和苦功，亦可解作從中所得的成果。[4]「功夫」的英譯 Kung Fu，1970 年代之後為西方人廣泛認識，甚至被收入《牛津字典》。不少人將「武術」等同為 1949 年以後中華人民共和國推行的新派武術，但馬明達的研究指出，「武術」一詞在民國初年已經相當通用，部分學校設有「武術」課程，二十年代在馬良（1876-1947）的一番努力下，造就了所謂「新武術」的實驗。[5]有說「國技」是日譯名詞，在民國初年與「武術」、「國術」交替使用。[6]到 1928 年，張之江（1882-1966）獲國民政府准許成立中央國術館，「國術」一度被用來統一表述中國傳統武技，不少之前稱為武術館或研究社的組織也紛紛易名國術館。

無論「武藝」、「技擊」、「功夫」、「國術」、「國技」還是「武術」，內涵都涉及格鬥、養生健體、禮儀和個人修養。到近代，運動競技才慢慢成為武術的核心內容。因為中國地大物博，民族構成複雜，各地自然衍生出不同形式的武術。至明代以後，得力於文人的記載和印刷與出版的發展，有更多的紀錄可供參考。從晚明到清代，關於少林、武當、峨嵋、南拳、太極、形意和八卦這所謂七大拳系的材料陸續流播。[7]當中，各拳系之中又有不同的支派，光譜異常複雜，內容又極為豐富。

武術史研究：材料和觀點

一直以來，研究中國武術歷史頗受材料不足所限。任何時代都不乏習武和用武的人，但習武、用武卻同時著書論武的人始終是少

數。所以各種口授相傳的武林故事多不勝數,可靠的文獻史料卻十分稀少。早在明末清初,知兵的文人如戚繼光(1528－1588)和吳殳(1610－1694)已指出種種武林故事和傳聞,荒誕不足之處極多,無助於嚴格的武術史研究。後來更多的研究指出這些資料和民間文學和奇幻法術混合,如果胡亂取用,更容易將中國武術神話化。松田隆智所著《中國武術史略》指出明代以前的相關記載,大者僅《漢書・藝文志》中〈兵書部・兵技巧〉中的射法、〈手搏六篇〉、〈劍道三十八篇〉與〈蒲苴子戈法四篇〉,隋代《馬槊譜》的槍法書,和五代十國時出版,分別收入《宋史》、《通志》、《經籍志》與《琳瑯秘室叢書》的《角力記》等。[8] 林伯原對魏晉以來的武術研究,補足了我們對個別武將和武林中人的技藝、兵器類別和訓練形式,以及各種養生和鍛煉方式的認識,[9] 但如研究者指出:「秦漢至宋元期間漫長的一千五百餘年,卻進入了武術論著發展的低谷。」[10] 而且最早的武術史料,主要由管治和知識階層寫成,在科舉制度主導的主流社會「文武分途後,文人輕武,武者不文」,[11] 他們對於民間的武術流播和發展,記載和討論難免不夠全面。較可信賴的材料,到明代以後才陸續出現。所以,研究近代中國武術史只能略古詳今。

　　另外,要完整地討論中國武術的歷史也不容易。中國武術經數千年積累,大江南北的人們經驗不一,而且各有內涵和故事,如何寫成一本通史?盧彼得(Peter Lorge)的《中國武術:從古代到二十一世紀》(*Chinese Martial Arts: From Antiquity to the Twenty-First Century* [New York: Cambridge University Press, 2012])和林伯原的《中國武術史》(台北:五洲,1996)都是很好的嘗試,能提供一些有效認識中國武術發展的主題。從中我們看到自古以來武術的社會需求、武術的流播和普及化、軍用和民用武術的互動、政府政策的

影響和民族的交流等，訴說從遠古到今天中國武術的起落，更能瞭解到今天中國武術發展所受的限制。

　　兩書都強調戰國之前，戰爭從貴族向大眾下行，從前由少數世胄子弟壟斷的一些武藝如劍術亦逐漸流入民間，平民入伍接受武術訓練的機會大增。軍用武術側重器械、騎射和大型集體對抗，就如明代戚繼光所說：「開大陣，對大敵。比場中較藝，擒捕小賊不同。堂堂之陣千百人列隊而前，勇者不得先，怯者不得後」；個人武藝有多高，非集體作戰所重，在實戰之中也難以顯露，因為「叢槍戳來，叢槍戳去，亂刀砍來，亂殺還他，只是一齊擁進，轉手皆難，焉能容得左右動跳？」[12] 軍隊也有拳法訓練：「拳法似無預於大戰之技，然活動手足，慣勤肢體，此為初學入藝之門也。」[13] 盧彼得也說，套路鍛煉成為長官考驗士兵戰力的標準，也是士兵鍛煉體力心智的方法。可以想像這些武藝的形與神，經改良和實踐後，和民間武技互相滲透。使用武力和習武當然是民間的廣泛現象，只是古代的相關記載過於缺乏。成書於東漢的《吳越春秋》提到了越人使劍的風氣，之前《史記》的〈刺客〉和〈遊俠〉諸列傳也提到民間中習武以至重諾輕生、「以武犯禁」的特殊社會群體，都只能說是一鱗半爪的記述。

　　武術的興盛與否，能否持續發展，還得看社會情態和需求。政府對民間習武之取態、中央與地方實力之均衡、區域的秩序和治安等都為重要因素。國家從國防和治安立場考慮，需要時會動用武力但同時也得限制民間的武力，但平民卻同樣需要用武來達到個人和群體的目的，兩者不無矛盾。戰國時代戰爭頻仍，各國廣泛招集和訓練武將軍人，習武既為存活所需，也是出人頭地的途徑，尚武之風於是大盛，軍旅武術從此變得專業化。唐代成型的武舉是提拔武將的重要制度，至 1901 年才廢除。[14] 若中央有力維持地區治安，平

民習武或僱用武人保衛家園的風氣便會降低。相反，若大權旁落，對抗中央的各種力量就會冒起，城鄉亦唯有自行組織軍事力量，造成社會軍事化和其他連鎖效應：習武者遇生計困頓，可能選擇落草為寇；平民為保性命財產，富者僱用家丁護院，平民則習武自衛。所以六朝、五代十國、南宋和元末明初等亂世都是武術發展的重要時候。北宋時期廣泛出現於山東、河北一帶的「棍子社」或「沒命社」（亡命社），就兼有地區自衛和犯罪集團的色彩。[15] 明代治安惡劣，打家劫舍維生的壞份子，以及靠授武、押鏢和組織地方武力過活的武人發展出一個典型的「暴力經濟」（economy of violence）。[16]

在唐代開始為人傳誦，但之後好幾百年少有人記述的少林寺，也在動亂氣氛之中建立起神話般的地位。從來佛寺都不單是誦經念佛之地，遁入空門的，亦有不少是因為流離失所、逃避兵役、欠債、犯法被追緝之徒，他們部分人身懷武術。寺院成為了他們聚集之地，亦是他們交流武術的場所。山西五台山的僧兵，據記載曾和北宋政府軍合擊金人，也曾出現在小說《水滸傳》中。[17] 顧炎武的《日知錄》卷二十九記載：「嘉靖中，少林僧月空受都督萬表檄，禦倭於松江，其徒三十餘人，自成部伍，持鐵棒擊殺倭甚眾，皆戰死。」[18] 亦為近代少林寺的故事添上重要一筆，巷中所述僧兵暴烈善戰，可見並非善男信女。

中國為多民族國家，各民族互相影響，各地武術亦互相充實。一直以來，手搏並非先秦兩漢武人所重，秦代的角抵源於軍事訓練，至南北朝，與遊牧民族的摔跤手搏之技融匯，到宋代成為非常流行的健體娛樂項目。[19] 蒙古人擅長摔角，加上禁漢人私藏武器，漢人習手搏之風更盛。元代女子習武成風，女拳師輩出，亦多少因為蒙古人的影響。清末葉之前，中國的國力長時間強過周邊國家，中國的武術隨着版圖的擴張、朝貢制度、貿易、人口流動和各種形

式到處流傳。中國的刀劍和拳術，影響及於日本和朝鮮等地。但這些國家亦逐漸發展出自身的武術系統，如日本的劍道在明代以後開始令中國人在戰場上吃了苦頭，所以明代的劍譜開始詳細講述雙手的日本劍的訓練和使用方法。可以說，面對外敵的經驗，使中國的武術內涵得以豐富和更新。

林伯原的《中國武術史》，補充了中國武術健體養生的部分。所謂養生練氣，一直是中國文化的重要成分，兼涉精神和身體的修煉。從湖南馬王堆出土文物所見，有健康、房事和飲食的資料，更有各種肢體和器械操練的圖像，可見養生和鍛煉已成一個體系。漢末華佗的五禽戲，有說是象形拳的始祖。之後魏晉南北朝葛洪和陶弘景的養生術、隋唐時代的醫學和宋明之後的各種內外鍛煉功法，都顯示不斷進步的養生知識和技藝。不過也因為種種原因，武術與中國養生術和醫學知識的互相影響，還是不容易在文獻中看到。首先，同樣因為「文人輕武，武者不文」的原因，在晚清之前，談醫學和養生的和習武論武者是兩個不同的群體，論武者著作固然少，談到武術與醫學和養生關係的更如鳳毛麟角。其次，常言「外練筋骨皮，內練一口氣」，但文人所說的精、氣、神都偏向形而上的課題，和武者所說的身體內外鍛煉和品質，貌似卻少有充分佐證。至於華佗的五禽戲，近似肢體運動，難見武術的攻防內涵，從此類推近二三百年才大行其道的象形拳稍嫌勉強。比較肯定的是，十九世紀開始系統化的內家拳和民初的武術改革，較多解釋了武術和和身體內外的關係。

近代武術發展條件的改變

經歷數千年發展的中國武術，在近代無可避免地失去了部分功

能。熱兵器的普及是一個關鍵因素。在火器主導和高效率協同作戰的戰爭形式之中，個人能耐的作用大大降低，軍用武術用武之地更少。孫中山在精武體育會成立十周年時，撰文強調即使在現代戰爭，「最終五分鐘之決勝常在面前五尺，短兵相接之時」，以此鼓勵練武。[20] 實在情況如何，想他亦不會一無所知。而且世變日速，1919 年至今又再過了超過一世紀，軍事科技早已向上不知翻了多少翻。社會環境方面，在近代的法治社會，法律取代武力成為解決問題的主要手段，動輒動武只會得到一嚐鐵窗滋味的機會，武術的格鬥內涵更難保存。歐錦棠在《格鬥縱橫》一書之中，引用民國武術名家和當代少林寺方丈的兩段話，對這種變化感到惋惜：

> 「（武術）以前作為武備，在今天把它作為鍛煉身體手段，更可同藝術體操和音樂伴奏相結合……服務於祖國建設。」近代武術家萬籟聲如是說。
>
> 「隨着現代科技和軍事的不斷發展，少林功夫保衛安全的功能基本喪失。」現任少林方丈釋永信對他們的「註冊產品」這樣評價。[21]

武術逐漸走上健身、娛樂和競技之途，套路表演和更多有名無實的武術「產品」不斷湧現。假如我們堅持武術的內涵是格鬥和制敵，當然不滿足於這些變化。要樂觀面對，求配合時代需要，還是我行我素，自我修行，甚至雖千萬人吾往矣，誓要將這些趨勢改轉過來，都只是個人的選擇。

另外，隨着工業化和都市化的發展，傳統武術的場域和傳授形式亦連帶消失。古代的軍用武術和民用武術，以不同形式流播，但也相互影響。軍用武術由軍隊教官傳授，部分輾轉流入民間。民間

武術靠寺院、同鄉會、書院、職業團體和低下層的社團傳播，²² 近代開始出現了武館。民間武術的流播保持了明顯的地緣性質，所以大家認識的南、北拳種，可以再細分成數十至數百種地方支派。如廖迪生所說，傳統的某些行業靠一種師徒關係維繫，武術其實也是。

> 在傳統中國社會，技藝的傳承是透過「學徒制度」進行，學習者從基礎的工作開始，還包括服侍師父的日常生活。一個學徒在數年內完成「學師」的過程，但要得到師父傳授秘技，可能需要一個很長的時間。因為師父會從不同的角度考慮選擇合適的傳承人。

> 師徒關係，並不是一個平等的學習關係，師父將技術與秘方傳授給徒弟，徒弟也有責任在事業有成之時，照顧師父。這種不開放、不平等的關係是維持技術與秘方的主要方法。當傳統行業消失的時候，消失的不單單是一些製品，還包括一套傳授技藝的社會制度。²³

師徒傳授的方式有好有壞。好的方面，師徒之間朝夕相對，可以建立起深厚情誼，授武之餘，亦承傳傳統社會的禮儀、價值和人際關係，產生出所謂的師承以至門派。門派之間的藩籬未必如武俠小說所言般森嚴，各派之間交流和互相學習十分普遍。問題在於一般的武術傳授沒有統一教程，從前更是不立文字，純靠師父口授和指正，遇社會動盪時容易流失。師父的能力和脾性，徒兒的領悟力和意志，師徒的溝通和關係足以決定一個門派的興衰。師父和徒兒不投緣，十個徒弟可能沒有一個得到真傳。師父精於技而拙於教，徒兒亦無法受益。師父心胸狹窄，或者徒兒領悟力弱或疏於練習，傳授也不會順利。倘若師父為了生計而轉業，武技更可能永久消失。

在講求實效的社會，就算是習武為樂的人，也越來越難接受傳統師徒的教授方式。東亞武術的大行其道和各式擂台深入民心，反映大眾對目標為本式的教學的需求。日本的柔道、空手道和日式合氣道，韓國的跆拳道和韓式合氣道現在流行全球，原因之一是課程和段位清晰，學員學習相當日子，掌握指定技術後，便可參與考試，通過考試後可以向更高級數和段數進發，而且考獲的資格得到全球性的團體認可。這種傳授範式因此可以在不同國家、社團以至學校的興趣班推行，學員也容易瞭解自己的進境。

可以說，武術的格鬥內涵在現代社會難以保持，教授和研習者轉而專注發揚其健身功效、藝術性和競賽性。但是就這些方面，武術也面對五花八門，日新月異的運動、競技和娛樂的挑戰。對於武術，一部分人淺嚐即止，更少人持之以恆。

南北武術匯香江

在過去一世紀，中國武術經歷不少滄桑，但在南方一隅的香港，卻因緣際會一度承傳、改良以至輸出南北武技。從晚清至新中國成立期間，中國從未得安寧，戰亂頻仍，縱是英雄豪傑，也無用武之地。西方體育的發展，在一些人眼中，凸顯了傳統中國武術傳授方法的不足。上世紀二十年代精武會和中央國術館努力改革武術，但到三十年代後期已是無以為繼。1949 年中華人民共和國成立，隨即開展全面的社會改革，武術界對前景一度樂觀。但很快政府就明確表達，武術的發展方針是健身和教育。武術的技擊內涵在改革中受到忽視，雖令人始料不及，卻並非不可瞭解。技擊長久以來被聯繫到舊社會的不法社團和民間惡習，在新的社會環境必須取締。之後近三十年，中國武術偏重強身健體和套路競賽，到八十年

代之後「散打」才復興。

　　可幸十九世紀末年，一部分南北武術家為了生計或逃避戰亂流落香港，在香港這彈丸之地為武術開創了不同的局面。也是靠着他們，武術長時期存在甚至活躍在香港的社群。他們立足於傳統，設館授徒，有地緣基礎的武術如各種客家拳種，會在族群聚居之地傳播。受到民國時期新式武術館社的做法啟導，這些師父也任教於不同機構，並努力打進教育系統，兼且借助印刷和現代媒體去廣泛傳播武術的技擊、自衛和健身內涵。他們的武術和故事，成為小說、電視、電影的題材，讓不懂武術的人也耳熟能詳。由於政局相對安穩，本地政府也沒有嚴格導引武術發展的方向，傳統武術持續有機地發展。曾幾何時，香港和澳門是承傳南北拳種的要地。不過，香港的社會環境自戰後急速變化，武術賴以發展的條件也漸漸失落。幾十年過後，香港武術的風氣事實上也並不如前。如何承先啟後，是不少熱愛中國武術的香港人的共同問題。

　　本書是一本武術的社會史，主要講述以技擊為中心的傳統武術如何隨着香港發展的步伐而轉變。鑑於個人所知有限，活躍於香港的南北門派又極多，無法全數盡錄。所以只會在描述各種發展趨勢時，選擇個別門派和人物作例子，以收闡釋之效，當中絕無褒貶之意。另外，個人認為「技擊」、「國術」、「中國武術」、「武術」和「功夫」等詞彙，在香港的社會和語境中，含義並無太明顯分別，所以在書中將夾雜使用。「功夫」一詞在七十年代之後普及，所以講七十年代以後香港武術的發展，比較多用「功夫」。中國內地的套路競技武術，則會冠以「現代武術」之名。

註釋

1 謝明輝，《國學與現代生活》（台北：秀威出版，2006），頁 74。

2 楊伯峻編著，《春秋左傳注》第二冊（北京：中華書局，2005），頁 746。

3 馬廉禎，〈從「武藝」到「國術」〉，載於《武學》第一輯（2015 年 3 月號），頁 131-149。

4 余水清，《中國武術史概要》（武漢：湖北科學技術出版社，2006），頁 3-5。

5 馬明達，《武學探真》下冊（台北：逸文出版有限公司，2003），頁 236。

6 「國技」一詞據說是從日文翻譯而來，當時的中國精武體操（體育）會的刊物就常用上「國技」一詞。

7 王廣西，《中國功夫》（香港：三聯書店〔香港〕有限公司，2006），頁 4-41。

8 〔日〕松田隆智著，呂彥、閻海譯，《中國武術史略》（成都：四川科學技術出版社，1984），頁 3-4。

9 林伯源編著，《中國武術史》（北京：北京體育大學出版社，1994 年），第四至七章。

10 江百龍、林鑫海，《明清武術古籍拳學論析》（北京：人民體育出版社，2008），頁 4。

11 習雲太，《中國武術史》（北京：人民體育出版社，1985），頁 35。

12 〔明〕戚繼光，《紀效新書》，載於《四庫兵家類叢書》冊三（上海：上海古籍出版社，1990），頁 492。

13 同上，頁 165。

14 詳見許友根，《武舉制度史略》（蘇州：蘇州大學出版社，1997）。

15 周良偉強調這些以鄉村為基礎的組織的自衛以至抗金功能，見周良偉：《中國武術史》（北京：高等教育出版社，2003 年），頁 60-61；但蔡松林就指出它們也有犯罪性質，見蔡松林：《宋代的遊民問題研究》，中國文化大學文學院史學系博士論文，2014 年，頁 81。

16 詳見 David M. Robinson, *Bandits, Eunuchs and the Son of Heaven* (Honolulu: University of Hawaii Press, 2001), chapter 3.

17 《武學探真》上冊，頁 87-90。

18 〔清〕顧炎武，《日知錄》（北京：北京愛如生數字化技術研究中心，2009），卷二十九，頁 571。

19 李建民，《中國古代游藝史：樂舞百戲與社會生活之研究》（台北：東大圖書股份有限公司，1993），頁 108-119。

20 孫文，〈精武本紀序〉，載於陳鐵生：《精武本紀》（1919），頁 1；釋永信主編，《民國國術期刊文獻集成》（北京：中國書店，2007），卷一，頁 3。

21 羅振光，《格鬥縱橫》（香港：彼岸文化，2005），頁 8。

22 郭玉成，《武術傳播引論》（北京：北京體育大學出版社，2006），第二章。

23 廖迪生：〈「非物質文化遺產：新的概念，新的期望」，載於廖迪生編：《非物質文化遺產與東亞地方社會》（香港：香港科技大學華南研究中心，2011），頁 7-8。

01

從明到清，從北到南

　　研究中國近代武術，以明代作起點十分適宜。任何時代都有人用武，但較諸之前所說「文人輕武，武者不文」，明代長時期處於內憂外患之中，文人掛慮國事，談文字也講武功，[1] 部分文武雙全者研究武學，系統整理和記錄武林的動態，也借助同時期蓬勃的印刷和出版業廣傳心得。所以，學者常言武術研究到明代漸成體系。[2] 清代的社會變遷令武風大盛，地方會社、反清活動和地區社學的發展，讓武術進入不同的社會階層。更重要的是，政治的巨變和人口的流動，促進南北武術交流，清末北方武術南來，之後輾轉流入香港。二十世紀的香港，成為南北武術匯流之地。

文獻中的明代武林風貌

　　在元末明初的亂世，社會對武術的供和求都大有增加。元末群雄並起，明初尚武之風不減，明成祖以後西北邊患連年。因為厲行海禁，部分沿海民眾被逼下海為寇，政府依賴「屯守合一」、守備兼具的衛所，卻因苦民過甚而最終崩潰。[3] 面對治安不靖，亂事不絕，不但官府苦無對策，就是京師一帶，天子腳下之地，亦是盜賊

如毛。明中葉京師附近通道水路都為盜匪把持，養給王室的物資亦常遭攔途截劫。[4] 有些地區唯有籌備團練以自保，地方將領為求整頓軍旅、改良訓練，開始了更全面的武學研究。明代中國武術的巨大進展，部分的表徵包括各大拳派得到認知，以及大量拳譜與著名武術家的出現。今天普及流行的所謂「七大拳系」，具體的記載都在明代以後。少林武術可追源自唐代，但隋代至宋元的記載都只得寥寥數語。少林寺至嘉靖年間禦倭之戰後始為人熟悉。傳說的武當始祖張三丰，是北宋還是明代人，說法甚多。[5] 一般相信此派武術在明至清中葉流傳湖北、四川和江蘇。至於太極拳是王宗嶽還是陳王廷，又還是其他人所創，到今天還有討論空間，但拳派為人廣泛認識，仍是在清代之後。其他如形意和八卦，聞名的時期更晚。[6]

一般拳派要有公認始祖、拳術和兵器套路、指定內外功鍛煉和傳授方法，但假如沒有文字記載，上述要素難以形成系統。催生明代武術發展的重要因素，除了是頻仍的地方與對外衝突和學術昌明之外，是明代出版業的興盛。從不同類型書本大行其道、印刷作坊的普及、印刷成本的下降和官私印書總量的增加，加上明代以後武術論著和小說的風行，顯見武術一方面得到了識字階層的關注，另一方面亦藉印刷業廣傳四方。[7] 明代的武術著作主要有以下三種：

第一，關於拳械等十八般武藝的技術方法、理論闡釋、架勢演練圖形以及兵械製作圖形等文字（包括圖形）記載，有創編論著，也有輯錄、轉錄或評述他人的作品；第二，關於武術流派的起源、發展、傳承關係，民間武術的交流活動，有意義的武術事件和武術人物的記載；第三，各方學者涉及武術的有見地的評述。[8]

拳譜記載解說各種動作，給予授者和習者思考、詮釋和修正的基礎，更容許他們比較各家各派武術之異同。

明代芸芸武術著作，大多由武將或習武的文人寫成。嚴格來說，他們的作品屬於兵學、軍事類型的作品，但在講長短兵器和士兵訓練的部分，亦約略提及一些家派，折射當時武術的盛況。當中首推江蘇常州唐順之的《武編》。唐順之（1507-1560）既是抗倭名將，亦博學多識。《武編》分上下兩集，上集輯錄兵法理論，下集收入古代拳術兵器文獻，戚繼光《紀效新書》部分亦取材於此。[9]《武編》的兩部分極有價值，論拳之處：

> 一家數溫家長打七十二行著，二十四尋腿，三十六合鎖。趙太祖長拳多用腿；山西劉短打，用頭、肘六套；長短打六套，用手、用低腿。呂短打六套、趙太祖長拳，山東專習，江南亦多習之。三家短打，鈒亦頗能。溫家拳則鈒所專習，家有譜。[10]

當中論各家派及其內容，與之後戚繼光和鄭若曾的所載異曲同工。另外，書中論「拳勢」，頗能顯示各大拳種之中包含的「架勢」和運動形態，以至當中包含之攻防應變要則。所謂「四平勢」、「高探馬勢」、「七星勢」就是一些例子。[11]

鄭若曾的《江南經略》（1568），全書共八卷，卷八上〈雜著·兵器總論〉一段文字，被不少武術史論著反覆徵引：

> 如使鎗之家凡十有七曰楊家三十六路花鎗，曰馬家鎗，曰金家鎗，曰張飛神鎗……使刀之家凡十有五曰偃月刀，曰雙刀，曰鈎刀，曰手刀，曰鋸刀……使劍之家凡六曰馬明王，曰

劉光主，曰卞莊，曰馬聚，曰馬超……使拳格兵器之家凡十有
一曰趙家拳，曰南拳，曰北拳，曰西家拳，曰溫家鈎掛拳，曰
孫家披掛拳，曰張飛神拳，曰霸王拳，曰猴拳，曰童子拜觀音
神拳，曰九滾十八跌……[12]

要知《江南經略》的焦點在國防戰略，武術只被約略帶過，有
限文字之中，依稀可見明代大江南北的武術風貌，更成為後代追溯
中國武術源流的起點。

十六年後，戚繼光著《紀效新書》，全書十四卷，後增至十八
卷，極為後來武術史家看重。實則戚繼光力圖建立起一支可以抗賊
的隊伍，所以綜合前人經驗和個人心得，記載選兵和練兵要旨、戰
陣的分析、圍攻交鋒之法等。卷十開始談兵器之效用，但特重在戰
場的使用。原十四卷的最後一卷的〈拳經〉，則提及當時有名的拳師
拳派。戚繼光尤其留意這些各種民間武藝，如何用於訓練士兵。一
些較少人談及的風嘴刀、掉刀、屈刀等均有介紹，並且強調它們如
何可以抗衡令人恐懼的倭刀。另外，〈拳經〉對一些拳種，如太祖長
拳、猴拳、鷹爪等的特色已經有詳細講述，更能討論它們的特色和
優劣。例如論槍之收發，戚繼光謂：「夫長器必短用，何則？長槍架
手易老，若不知短用文法，一發不中，或中不在喫緊之處，被他短
兵一入，收退不久便為長所誤，即與赤手同矣。須是兼身步齊進。
其單手一槍，此謂孤注，此楊家鎗之弊也，學者為所誤甚多。」[13]
他而且明確指出拳術於軍旅沒有顯效，所謂「拳法似無預於大戰之
技，然活動手足，慣勤肢體，此為初學入藝之門也，故存於後以備
一家」。然而，該書無論說長短兵器還是拳術，各種「勢」的插圖都
異常詳盡，可算是拳譜的雛形，也令家派特色有跡可尋。[14]

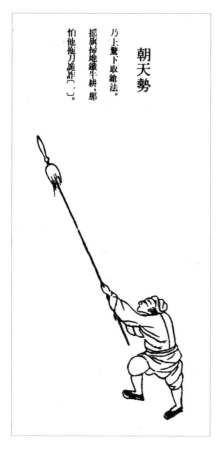

朝天勢

乃上驚下取鎗法。
搖旗掃地鐵牛耕，那
怕他拖刀詭詐〔一〕。

《紀效新書》中所附兵器使用圖之一

鐵牛耕地勢

乃急攛碓鎗法。硬去
硬回臭救，惟有此
鎗無空。地能平伏
閃吾鎗，就使黑龍
入洞。

《紀效新書》中所附兵器使用圖之二

最後，戚繼光也顯示出家派之間互相交流，取長補短的氣度。《拳經》有云：「博記廣學，多算而勝」，拳派繁多，「雖各有所□，然傳有上而無下，有下而無上，就可取勝於人，此不過偏於一隅，若以各家拳法兼而習之，正如常山蛇陣法，擊首則尾應，擊尾則首應，擊其身而首尾相應，此謂上下周旋，無有不勝」，[15] 鼓勵武術家取長補短。

明代武術廣為時人所知，民間武術家亦家傳戶曉。當中如程宗猷（字冲斗，1561-?），其生平和武藝，均有完整記載，他所著的刀、棍、槍法亦有足本傳世。萬曆四十四年（1616），其著作《少林棍法闡宗》問世，是系統討論少林寺武術的重要著作。其他如吳殳更是文武兼備的代表。吳殳是江蘇太倉人，有文名，在明亡之際，人人大談兵書之時，他和黃宗羲那一代人一樣，講救國也求武藝。吳殳本身修為不得而知，但他的《手臂錄》匯編南北武術精要，所附《夢錄堂槍法》和《峨嵋槍法》，論槍法以至養生都甚精細，[16] 析「石、沙、楊、馬、少林、神鬥六家槍法」之優劣及「馬家槍二十四勢」亦異常透徹。[17] 其他如「單刀圖說自序」、「單刀手法說」較諸《紀效新書》尤有過之，更重要的是，吳殳自述習武之歷程，更凸顯印刷和文字記載對武術家派的承傳和門派交流的重要性：

予受敬巖戳革之法，練習二年，手臂粗得柔熟，乃許授槍法。敬巖不嫻文字，法法口傳，且傳一法，練未熟，不教第二；第二法未熟，不教第三。半載中，所傳不多，而敬巖猝死王事。雖脫化之微意，余已領會，終不知槍有若干法也，廣而求之於程冲斗之書，得棍法於洪轉之書，得少林槍法於鄭華子，得馬家槍法於倪近樓，得楊家、沙家槍法在聊城，得敬巖所自出之淄川韓氏槍法，而昔所未聞者，備聞之矣。最後得程

真如峨嵋槍法。上有倒手十二，扎法十八，知其技藝之精妙與敬巖可為比肩，猶未悟其槍法，僅有三十之意也。

悉舉所得，遂有五百餘法，亦覺其中多空疏不切於用者，而以為皆出於名家，不敢輕動。其後自有省發，乃知槍法不多雜棍，故多以槍對別器，理應用槍法以槍對槍，何以用棍法乎？知槍而借棍，已非不知槍而以棍冒槍，其謬何所終極。法愈多而槍愈晦，至於少林、沖斗而極矣。止存短槍之法，真如三十足矣。沙、楊二家之法，體制與短槍少殊，故亦自有其法。非雜棍也，不能不收。今得一百十法，亦云溢矣。白太傅詩云「鴛鴦繡出從君看，不把金針度與人。」此中不然，故名之曰針度篇。**[18]**

可見專心習武且通文字者，不但可以結合理論和實踐，整理門派之功法內涵，亦可通過文字領會各派特色，知己知彼，充實一己不足。

不過這些著述也不無缺憾。首先，幾位作者都是安徽或者以北的人士，對南方武術較少提及。實際上，廣東各種出土之兵器，由石器時代之石斧和石刀等，至夏、商、周時代之銅製矛頭和刀斧，復至戰國以後精巧的鐵製武器，顯見自古以來當地武術之興盛。所謂「自古南越多武將」，加上廣東遠離中央，和政府關係時親時疏，自秦代開始，即時有對抗，造就好戰的民風。遇中央積弱如宋朝者，廣東鄉民僱用名師，教授子弟武術，「各居山寨，屯聚自保」。至明代以後，歐洲海盜和倭寇滋擾東南沿岸，史料記載明朝派朱亮祖出鎮廣東，訓練蛋戶與賊匪對抗，武風更盛。

上述作者，因為訊息不通和地緣關係較專注北方武術，可算美中不足。其次，他們對各種勢路的論述，還是比較籠統，所謂「四平勢」、「高探馬勢」、「七星勢」等，都只是各種武術的共同攻防形

態。最後，當時武術的生產和傳播方式仍沒因為出版盛行而有徹底性的改變，傳授的方式仍以口授身教為主。知兵的文人和實質以武為生的武人仍屬於兩個世界，彼此互不相涉，他們兩者的相遇和互相影響，還在之後的時代。

清代社會和廣東武術

南方武林人士頗為相信清代廣東和福建武術大盛，源於南少林開枝散葉，實則清代的社會條件，尤其各種會社發展和治安問題，與民間武術壯旺有極大關係。

廣東和福建武術，一般被統稱為南拳。南拳諸派，從流行珠江流域的洪、劉、蔡、李、莫五派，到福建的永春白鶴和南螳螂，多奉南少林為遠祖。但關於少林寺的史料從來不完整，而且講的也多是河南嵩山少林。有載唐初王世充之亂，少林寺十三和尚勇救李世民，擒獲王世充之侄王仕則，少林寺武術的傳奇就此展開。但之後七百多年少林武術的實際發展、流播和影響，卻缺乏準確史料證實。[19] 明代程宗猷的《少林棍法闡宗》添上一筆，謂元末紅巾賊包圍少林寺，有和尚獨力以棍退敵。但根據考據所得，程宗猷之說可能源於 1517 年的〈嵩山祖庭大少林寺那羅延神示跡碑〉，而且部分內容不符史實。[20] 少林僧兵抗倭，史料有充分記載。據趙若曾的《江南經略》卷八下〈僧兵首捷記〉所記，嘉靖三十二年（1553）六月的翁家港之戰，僧兵為前哨：「初八日，至新場鎮。次日，至南匯嘴中後所紮營。初十日，遣騎兵往六團巡哨，聞有賊百餘人在焉。奮力追擊，賊懼而逸」，[21] 被廣泛轉述。結云「夫今之武藝，天下莫不讓少林焉」，[22] 更給予後人足夠想像。但同文所述月空與天員二僧帶領僧兵抗倭，「月空領杭州僧兵一十八名，天員領蘇州僧兵八十四

名，協力征剿」，卻未明確交代僧兵來歷。[23]

明代的幾位武術研究者如俞大猷和吳殳，雖有提及少林棍法，但卻未高估其傳播。[24] 事實上，一般對唐至明代的少林武術，大都只圍繞上述史料和事件，並輔之以少量宋元時代的記載。[25]

清代的幾本武術著作，反映出少林寺與南方武術的關係並不清晰。明末清初大儒黃宗羲（1610-1695）著〈王征南墓誌銘〉，開首寥寥數語：「少林以拳勇名天下，然主於搏人，人亦得以乘之。有所謂內家者，以靜制動，犯者應手即仆，故別少林為外家。蓋起於宋之張三峯。三峯為武當丹士，徽宗召之，道梗不得進，夜夢玄帝授之拳法。厥明以單丁殺賊有餘。三峯之術，百年以後，流傳於陝西，而王宗為最著。」[26] 王征南（1617-1669）為黃宗羲之友，亦為黃宗羲之子黃百家的武術師父。王征南辭世，黃宗羲為其作墓誌銘，既為追憶，亦求抒發亡國之幽。墓誌銘的一部分成為少林／武當、內家／外家論說之源頭，想也出乎黃宗羲意料。

由曹煥斗所著，估計成書於清初順治至康熙年間的《拳經拳法備要》，[27] 綜論明末清初民間優秀武技，論北方嵩山少林拳術之傳播更為前人所無。該書分《拳經》和《拳法備要》兩卷：《拳經》初稿成於清初，但主體部份〈少林寺短打身法統宗拳譜〉相信成於晚明。《拳法備要》以各種圖譜演繹《拳經》內容。《拳經》作者估計為曹煥斗的高伯祖，《拳法備要》則為曹煥斗整理而成。《拳經》卷首言：「拳法之由來，本於少林寺，自宋太祖學與於其中，而名遂傳天下」，甚有天下武功出少林的調子。[28] 其後論「溫家有七十二行拳，三十六合鎖，二十四（氣）探馬，八閃番，有十二短打，呂紅有八下之剛，山東有李半天之腿，鷹爪王之拿，張伯敬之打，此皆名傳海內，名得其妙者也」，[29] 和明代出現的幾本武術經典從文字到觀點都頗為接近。

《拳經》第一部分以對答形式講述拳法之基本原理和對敵應變的法則，之後《周身秘訣十二項》論身體各部運動的規律，如〈手第六〉：「身之圍護者手也，要輕鬆圓活、剛柔相濟、上下前後左右相顧。左上則右下，右上則左下，亦有左則側左，右則側右，此以身法速轉，方可如此。更有變陰變陽之妙、長短伸縮之玄，總以熟為要。」[30] 說清了兩手之用和協調。歸根究底，《拳經》和《拳法備要》講的更似是中國武技的總體原理和人體運動的法門，對各種門派和內涵均無深入討論。《拳經》的核心部分〈少林寺短打身法統宗拳譜〉只有三千六百字，談南北派師法只有湖北夏口李鏡源、湖南華陽滕黑子和貴州黎平胡某幾人。

到二百多年後，民國初年出現甚為詳盡的《少林宗法》。該書據說是精武體育會創建人之一盧煒昌（1883-1943）得自山西友人，全書共九個大目。當中提到拳法的源流和精要，大家熟悉的龍、蛇、虎、豹、鶴少林五拳。1915 年，又有《少林拳術秘訣》出版，首八章是《少林宗法》全部，其後五章是補論。《少林拳術秘訣》所云：「斯時國內有兩少林，一在中州，一在閩中」，[31] 少有所聞的南少林自始進入武術世界。

《少林宗法》面世於民國，溯源明代以來武術流變，頗引人注目。但第十章論南北各派、少林武僧和南北拳術家，其後被唐豪（1896-1959）所著《少林拳術秘訣考證》批評為言無所據。[32] 書中提到南派洪、劉、蔡、李、莫五派，但除洪拳以外，均未上溯淵源。唐豪進而考證各個相傳已久的少林，指出登封、和林、薊州、長安、太原、洛陽和泉州各寺，部分湮沒無聞，部分未涉武術，而山東、台灣和被視作南派武術源頭的福州少林寺，均無從稽考，[33] 並估計南少林的傳說，先由洪門中人發起，到晚清再為反清社團發揚。嘉道年間，亦有拳術家付託南少林，以壯聲威。[34] 唐豪（1887-

1959）曾任中央國術館編審處處長，為近代中國武術研究的奠基人物。他的言行頗受爭議，但他「清算」武林神話的結果，後來卻頗受肯定。

唐豪所說幫會與南少林的關係，今天得到更多的研究佐證。自古以來，無論中外，社會下層民眾都自然發展出互濟、自救以至帶有暴力傾向的會社，**35** 部分甚至滲入種種傳說法術，清代的社團亦不例外。周錫瑞（Joseph W. Esherick）所著的《義和團運動的興起》（*The Origins of the Boxer Rising*）指出清初魯西地區耕地和人口比例日趨懸殊，少數富裕商業城市和廣大落後農業地區關係緊張，加上舉人名額下跌，導致地方道德秩序無以維持，以刼掠為務的秘密社團乃逐漸興起。**36** 這些社團與華北的白蓮教和從中繁衍出來的八卦教有着千絲萬縷的關係，而這些教派的徒眾日常會練功和養氣，武術和社團就相輔相成地發展起來。例如八卦教和北方的八卦掌的關係就非常密切。在南部地區，源於雍正末年的川北的哥老會，成員有集棍棒武術，也有求神飲用符水的習俗。他們分成大小股和官府對抗，乾隆以後，影響達至陝西、甘肅、湖北一帶。**37**

說到底，南少林所以揚名，頗得力於清末民初革命團體。**38** 當中組織如洪門，與流播閩廣一帶的天地會關係密切，反清的口號和精神更為一致。天地會成員一般都有習武，少林寺的愛國傳說和武術傳統正好為天地會取用。由是，天地會人廣泛傳述該會與南少林的淵源，亦強調他們所習拳術出於少林。到晚清民國，反清、革命、南少林、武術等元素在社會中流動和混成。郭裔著《晚清民國時期的廣東武術》，指出在中國南部，名為少林寺的寺院見於福建的莆田、泉州、清源、雲宵和詔安，以及廣東海陽縣等地。少林遍佈各地的一大原因，是福建僧人隨移民遷徙，到達之處，另建新寺，但仍以少林寺為名。**39** 這些少林寺，未必都和武術有關。當中福清

少林，較有可能是《少林拳術秘訣》所說的閩中少林，但是否屬實、是否和南方武術有關，當時他只能以：「空穴來風，未必無因」作結，[40] 但在之後的著述，他已經持比較否定的看法。[41]

　　至於南派武術廣泛流傳清廷火燒少林寺，寺僧逃亡，將武技傳入民間的故事，經研究討論後，更似是天地會自創的傳奇。所以郭裔說：「其實所謂南少林，就是天地會。天地會就是南少林。」[42] 事實上，秦寶琦研究多年，認定所謂天地會成於康熙年間，但少林寺僧兵征西魯立功，清帝負義遣兵放火焚寺，五祖挾技逃亡，沿途傳授大眾之說始見於嘉慶天地會內部文件，之後不斷被人增補潤飾。[43] 其實「天地會創始人萬提喜是個窮苦和尚，最初的天地會也僅僅是少數幾個窮苦百姓結成的秘密組織，沒有任何輝煌的事蹟可言，這就需要編織一個有輝煌歷史的悲情故事以激發人們義憤來鼓舞會眾。」[44] 西魯傳說固然無據，所述亦只及於清初，到清末南派拳師倒述源流，在當時和清初之間這段時間，補添了更多難以考究的人與事，例如洪拳起於反清復明弟子洪熙官，蔡家拳由南少林和尚蔡福傳入廣東，李家拳由南少林寺和尚李色開所創等。[45] 清末革命團體進一步發揮這些內容，令少林寺尚武的一面更深入民心。[46]

　　撇開南北武術和少林寺的關係不論，清代中葉以後的社會亂象造就各種社會運動，並且強化「暴力經濟」，用武之地大增，但亦造成一些負面影響。清代的反抗運動與從前的黃巾、紅巾一樣，在武力之外滲入了各種奇幻迷信，呈現「巫武合流」的特徵。如哥老會的頭領，有些聲稱能預知未來，有的能蹤跳如飛。[47] 另外，白蓮教奉行後來廣泛流傳的「坐功運氣」，同時背誦咒語。清水教的王倫後來再加改造，實行「文武分場」，「練氣者稱文弟子，習拳棒者為武弟子。武弟子練拳棒技藝，文弟子唸咒運氣……」但兩者兼習者亦多。[48] 其後太平天國有正式制度培訓領導和部眾拳腳兵器，[49] 但

即使如洪秀全和蕭朝貴（1820-1852）亦好搞信仰和幻術。[50] 武術、巫術和小說戲曲的異種混合到義和團達到了高潮，讓社會掉進了極大的紛亂，武術的形象經好一段時間才能重建。[51]

因生計問題常起糾紛，以工商業為基礎的行會，也往往帶有武力色彩。[52] 治安不靖，護院和鏢局因而蓬勃發展。當中不少傳奇人物如大刀王五、醉鬼張三，留下不少美談。[53] 和今天流傳的武術比較有關聯的人物，如清末八卦掌名師董海川和尹福、太極拳高手楊露禪等都當過護院。清中葉以後治安不靖，押鏢業務十分發達，甚至可以押鏢致富。傳說北京有八大鏢局，以會友鏢局最為有名，師徒逾千人。[54] 之後連地方社學也變得帶有武裝性質。社學據說源於元代，但到明代始大盛。明太祖希望以地方學校為工具，控制人們思想行為，於是要求每五十家戶成立一社學，由地方官吏負責維護，社學畢業生可以申請到地方官學就讀。當然，社學成效在乎地區官員和地方首長的取態，較貫徹執行的蘇州，社學鼎盛時期多達七百三十八所。[55] 清代社學等同地區學校，以認字和基本知識的教授為主，由地方宗族支持，乾嘉以後，社會問題隨着人口增加和耕地不足而不斷擴大，廣東和福建地區械鬥不絕，社學兼備濟貧和維持地方秩序等職能，僱用拳師培訓本地人民基本武備亦為主要工作。[56] 鴉片戰爭期間三元里一役，數以千計武裝平民迅速參與，顯見社會武裝化的程度。

值得一提的是，團練和珠三角武術發展息息相關。清代中葉（1796-1810），廣東海盜崛興，與越南不同勢力結合，有時更和遠渡而來的歐洲商人合作，幾乎完全控制粵海。相反，財源、戰船數量和領兵人才均不足的廣東水師，無力穩守漫長的海岸線。廣東海盜共分六大股，中路（廣州府）後來由鄭一嫂（1772-1844）、郭婆帶、梁寶控制，西路（肇慶、高州、雷州、瓊州、欽州及廉州）則

為烏石二、蝦蟆養、東海伯的活動場所，中路受害尤深。之後兩廣總督那彥成（1764-1833）和吳熊光（1750-1833）既征既撫，亦意圖分化各股海盜，卻始終未能根治海盜問題。[57] 其中別港之戰（1808）和亞良鞋之戰（1809）皆傷亡慘重。1809 年繼任兩廣總督的張百齡（1748-1816）強化中路沿海地區的團練制度，授權鄉民鑄造火炮，實行保甲、團練制，[58] 加強地方防守。那彥成的原有設計，是「無論紳衿及在官服役，家有三丁者，總須仗入練，人單不及數者，許二三家朋出一丁。甲長即充練頭，小村合三數處，大村則為一二處，設為一團。」再公選紳士耆民殷實明幹者，擔任正副團總管理全團。又「設立號簿，晝則派人偵探，夜則輪撥巡邏。於扼要之處，或捐設碉樓，登高瞭望伏路把截。」見有敵蹤，則鳴炮示警，務求「一村有警，各村救護。一團遇敵，各團堵截。」[59] 之後團練與海盜的戰鬥遍及東莞、番禺和順德各地。[60] 七月二十八日，張保劫玕滘，戰況慘烈，造就了拳師周維登的武術英雄故事。話說鄉人據險而守，海盜分兵進攻，與鄉勇大戰於林頭渡口，拳師周維登連殺海盜十餘人，終與女兒一同戰亡。海盜乘勢渡河，「焚房屋數十間，數日火煙不斷，一村不聞雞犬聲。」[61] 團練加強了社會武裝化，但團練成員的品流更為複雜，從農民到各式手工業者以至流氓一應俱全，乘機作奸犯科者亦不少。[62]

　　海盜肆虐的中路，亦即珠江流域，成為南方武術的一大版圖。尚武的縣市包括廣州、肇慶、江門、茂名、汕頭、電白、德慶、陽江、清遠、中山、郁南、廉江、梅縣、鶴山、由江、三水、四會、羅定、南雄、台山、始興、增城和江門等。如果我們根據今天各種主要拳種在廣東的流行情況，也多少能重塑當日的流播情況。如劉家拳在中山南朗、大湧、三鄉等地；洪拳在花縣、湛江和廣州；蔡家拳在番禺、中山、湛江、曲江和花縣等地；李家拳在新會、江

門、廣州、佛山、中山、惠州、高州、廉州、合浦、欽州和防城；
莫家拳在惠州、廣州、佛山、順德等。至於新起拳種如蔡李佛則馳
名於新會，再輾轉流至江門、廣州、南海、佛山、番禺、東莞、開
平、台山等地，大致和海盜為患的地區接近。

　　這些門派之前少有記載，可考的拳師，卻都是乾隆末期到嘉慶
年間的人，正是海盜和團練崛起的時候，而這些拳師又都留下曾向
少林僧人學藝的故事。以洪拳為例，相傳由少林至善禪師傳藝洪熙
官，洪熙官傳陸亞采，陸阿采傳黃泰，黃泰傳黃麒英，黃麒英傳黃
飛鴻（1856-1925）。亦有說陸阿采傳黃麒英，甚至有說黃麒英和黃

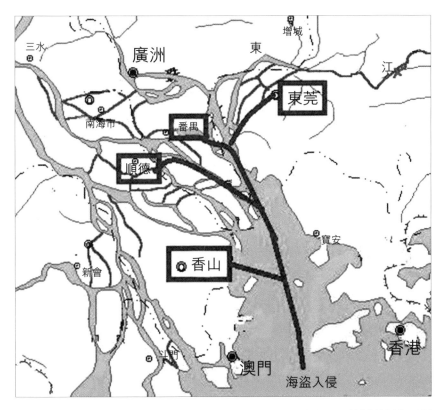

清代海盜入侵廣東路線圖（鳴謝袁展聰博士繪製本地圖）

飛鴻父子同師，都隨陸阿采學藝。少林至善和洪熙官多見於傳聞小說，從黃飛鴻上溯，陸阿采和黃泰都可能是乾隆嘉慶年間的人，活動範圍在廣東清遠。劉家拳有說為湛江劉三眼和劉青山所創，距今二百多年，也是乾隆嘉慶年間興起的武術。相傳蔡家拳由少林和尚蔡福傳入廣東，番禺人蔡展光於乾隆初年發揚光大。李家拳據說由少林和尚李色開所創，授予新會李友山（1784-1844），[63] 亦有說傳惠州李義。莫家拳始祖為乾隆年間惠州莫蔗蝦，上承福建少林寺慧真禪師，下傳東莞莫達士、莫四季、莫定如、莫清嬌等。少林僧人傳藝的故事真假難分，但乾嘉年間，珠江流域一帶，武風大盛，拳派成型卻是事實。

珠三角為清中葉重要武術版圖，與廣東武術關係密切的客家武術，又因為明清時代福建的經濟驟變，隨人口移動而傳至廣東各處，之後輾轉抵達港、澳和更遠之地。[64] 所謂客家人和客家文化，成長於福建西南部、廣東東部和江西南部。在這群山聳立之地，湯錦台有非常概括的陳述：「……這裏卻是有着獨特的語言和文化特質的客家人的發祥地，在過去一千年以上的歷史當中，由於北方的戰亂和北方政權的南向擴張，漢人的勢力不斷流入這個原為百越民族生息之地的邊陲地區，在閩西和粵東交界區，與取代了越族的畬族相互融合，並大體從明朝開始，發展出以傳承漢文化自豪的客家民系。」[65]

簡單說，百越在秦以前散居中國南部，秦始皇統一六國，漢代文、武二帝，都先後征伐廣西、福建、江西和其他嶺南地區，越人或被同化，或逃入山區。到隋唐時代，這些維持原有生活習俗的越人顯然已被源自雲貴高原的濮族取代（濮族後改稱為畬族），並與殘唐五代避入該地的漢人高度結合，產生後人稱為「客家」的族群和文化。[66] 兩宋期間，在汀、贛二州人口不斷流入之下，客家人口

持續壯大。山區的艱苦環境，加上統治者的嚴厲管治，造成了客家地區帶有暴力性質的私鹽和盜寇活動。南宋以來，他們時與官府激烈對抗，即使盛極一時的蒙元，也無法清剿該地區的反抗活動。但同時，因為生計問題，客家人向周邊地區，包括粵東地區移動。明成祖以來，海禁時弛時緊，大批沿海作業謀生的漁民、船家以至陸路轉運商販大受影響。明中葉以後的倭患，實則是浙江福建沿海民眾因生計凋零不得已匯合日、歐海盜，進行走私和搶掠。又因人口大增，缺地的務農大眾迫不得已南下，經粵東流徙台灣以至海外。至清初，為防鄭成功舊部為患而仍行海禁，受影響民眾又得選擇冒險下海或舉家遷移，這情況在耕地不足的福建更為明顯。

客家人久經困頓，培養成強悍和好鬥的性格。又因不斷經歷遷徙，在新落腳點和原居民常有矛盾和衝突，十九世紀中葉的廣東土客大械鬥就是個著名例子。[67] 積累而成的戰鬥經驗，產生客家獨有的武術風格。客家武術馬步窄、多短手和富爆發力，部分支流也有神功法術，清中葉以後顯見於粵東地帶，如潮汕和海陸豐等地，風格異於珠三角地帶的洪、劉、蔡、李、莫等拳種。[68] 客家武術較長時間流傳於鄉間，所以保留「教」字作名堂。岳家教和翟家教就流行於梅縣。李家教由浙江入梅縣和潮汕；鍾家教由福建入興寧縣等。之後他們再發展出白眉、龍形、蔡莫、朱（周）家螳螂等。在香港流行的詠春拳據說亦源於福建，南下而盛於佛山、肇慶、廣州、順德和鶴山。

盛行於清末廣東的武術，在新興城市的武術館社中發展出新的傳播範式。[69] 從前的社學和團練，請名師授徒，但名師多不久留，更替不絕，子弟所學的武藝也多混雜不純。但後來興起的拳館拳社，開始有專注於個別拳術和流派的。著名的蔡李佛館是個很好的例子。

蔡李佛館於 1836 年由蔡李佛拳始祖陳享所創，逐步由新會梅縣發展到廣東各地，各館各有專人主理，如廣州陳大楫、南海陳典猷、佛山陳典桓、香山陳典承、番禺陳謀莊、東莞陳典幫、開平陳典惠、台山陳典珍、恩平陳孫棟、肇慶陳大威、新會陳承顯、江門陳燕瑜等。[70] 總館所設對聯「蔡李佛門源於此，少林嫡派是真傳」更明言所授的是蔡李佛拳。之後蔡李佛流播兩廣、十縣、三市和二十六鄉，成為廣東武術的一大支派。傳說蔡李佛拳傳統不傳外姓人，有張炎投陳享門下，陳享不便親自教授，便以張炎為僕役，每夜偷偷私授。張炎天資聰穎兼力學不絕，終卓然有成。後被陳享派往佛山協助陳典恒處理分館大小事務。後來更繼承佛山館。年前佛山鴻勝館的刊物，則補充謂張炎先習藝於李友山，再隨陳享深造，之後再投奔青草僧。[71]

這裏不得不提的是廣州黃飛鴻。黃飛鴻生於廣東南海西樵山，獲其父傳藝，之後因家貧隨父行走江湖，1880 年代最得意時，曾獲黑旗軍首領劉永福聘為教練，也在 1893 年赴台灣助抵入侵日軍。[72] 這段時期，他在各地專心授徒，造就弟子梁寬、林世榮、凌雲楷等。但中日甲午之戰後，黃飛鴻似意興闌珊，所創「寶芝林」以行醫為主，1924 年商團亂事中，更付之一炬。於 1925 年鬱鬱而終，後人以洪拳之名傳授其遺技。

這種趨勢成就了民國傳授武術的主要範式，其一以國術館社為中心，其次各館社都集中傳授一兩種拳法，所謂「門派」的形態得以鞏固，就是南來的北方武術，亦以相同方式傳播。

南北武術相遇廣東

香港和廣東僅一河之隔，民俗文化淵源深厚，人口往來不絕，

論香港武術也必從廣東談起。香港的主流武術大部分淵源於廣東，而廣東武術又和廣西、江西和四川等地拳種彼此滲透。清末之後，北拳南來，雙方互相交流，逐漸融匯。之後流入香港的拳種，南北俱備。

武術隨着人口流動，是理所當然，但民國時期北拳南來，卻多少得力於廣東省政府大力支持。不少材料提到孫中山一直獎勵武術，不僅視之為振興民族的重要方法，更強調縱使在熱兵器時代，「尚武精神」仍和強國保種息息相關。辛亥革命後，他聘請著名武師蔡桂勤到廣東大元帥府向他親授武功，[73] 有助推廣武術之風氣。但民國武術大盛，而且走向體制化背後有十分複雜的因素，當中牽涉到清皇朝倒台以後中國的民族建設，也反映中國自十九世紀以來，西式教育和訓練方法的影響。

晚清中國對外戰事連年敗北，在其他方面的競爭均看似難與外國人匹敵，文化領袖由梁啟超至潘光旦一代人，從文化和生物學角度去探討中國人性格和體質的缺憾。嚴復以天演進化為理論綱領，要求徹底革新中國文化、政治和社會，好改善中國人的「民力、民智、民德」。就如梁啟超在其《中國之武士道》中，強調當今之世，無異於一個全球的戰國時代，中國人不重建尚武之志與力難以自立。[74] 各種想法情緒糾纏之下，混成一個「東（方）亞病夫」論述，言喻外國人輕藐中國人體質不濟，[75] 強民救國的說法隨即風行一時。1906 年，學部〈奏請宣示教育宗旨析〉把尚武列為宗旨之一，教育部門進而倡議將上述信念延伸至普遍國民，而武技則是部分人堅持的鍛煉方式。1911 年初，有文流傳謂：「拳藝者，體育之上乘也。……後之學者，倘能與前人所表者推討之，張大之，使我國尚武之風復振於今日，庶幾泱泱大風之中國，不與黑奴紅種相滅絕」。從那時開始，簡單的武術操練逐步融入學校，在大專院校尤其盛

行。如北洋法政學堂、清華學校、南洋公學、北京高等師範大學均有聘請著名武術名家教授武藝。[76] 在民間，根據不完全的統計，各式武術學社和研究社湧現北京、上海、天津等地，不下七十所。著名的包括北京體育研究社、中華武術會、中華武士會等。[77] 總的來說，當時的文化和政治領袖，都希望新國民能成為有新知識和新眼光，而且意志堅強、身強力壯的鐵漢子。[78]

　　傳統武術在新時代與新式教育相遇，造成武術的革新。從晚清開始，鍛煉新軍的西式兵操流入民間。當中元素如體操、步法、列陣等有助鍛煉體能和紀律，最初得到好評。[79] 可是，兵藝始終和學校教育不盡協調，在民國以後漸被源自瑞典和德國的個人和器械體操，以及有大量的球類、田徑和其他個人及隊際競技項目的體育項目取代。[80] 在民國初年，一片革新之聲中，武術如何淘汰諸如仙道傳說和會門習俗等不良元素，並且借鑑西方理論和訓練方法，也一時成為熱話。極富爭議性的馬良可算身體力行，開創新猷。馬良出身行伍，民國期間任濟南鎮守使，為北洋軍要員，頗受段祺瑞器重。段祺瑞下野後，在二十年代曾沉寂一時，轉而鑽研武術。1927年受張之江邀請任南京中央國術館教務處處長。中日戰爭爆發，馬良選擇加入汪精衛的偽滿州國，聲名大挫。[81]

　　至於馬良在民國初年所推行的「中華新武術」，亦是毀譽參半。他有感之前傳授武術，無統一教材，各家各派，人言人殊，教學俱難。乃於 1901 年開始創編武術教材，並且在 1911-14 年間集思廣益，集各派之長修編成「摔角科」、「拳腳科」、「棍術科」和「劍術科」等標準教材，去掉了各派武術的特色，圖文並茂地編列鍛煉門路。他的革新，於體育而言或有意義，[82] 卻未得武術界共鳴，甚至被批評為「馬氏體操」，機械而且無特色。所以「新中華武術」雖然獲教育部接受為學校體育課程，卻難以推行。[83] 可幸武術界的有

心人仍加緊改革，更多的嘗試由精武體育會和中央國術館帶動。

霍元甲（1868-1910）和精武體育會，經不同媒體輾轉相傳，已成傳奇。但撥開各種迷霧之後，在有限的材料之中仍隱隱透視他和他那一代人重新鑄造中國武術的苦心。霍元甲生於天津市西的小河南，父親霍恩弟為「秘宗拳」傳人。霍元甲小時多病，但後來發奮學拳，終卓然成家。霍元甲 1909 年率徒赴上海應戰西洋大力士，聲名大振，得和上海名流姚蟾伯（生卒不詳）和陳公哲（1890-1961）、革命派陳其美（1878-1916）等往還，並獲資助於 1910 年 7 月 7 日在上海華界閘北的王家宅成立中國精武體操會，教授各派拳術，主旨在促進國人身心健全發展，並且重建他們熱愛國家文化之心。可惜兩月後，霍元甲死於咯血病，精武體操會幾近停頓，「既無章程，亦無時間表，隨來隨教，學者自學，來者自去，毫無設備」，[84] 霍氏徒兒劉振聲和趙漢傑亦生活拮据。幸得陳公哲、姚蟾伯和盧煒昌等人集資繼續營運。當時體操漸漸退潮，首屆精武體操會的成員如徐一冰（1881-1922）等，早年發揚體操，後亦多改談體育。[85] 1915 年《中國精武會章程》制定，技擊之外，設有文事、遊藝和兵操諸部，[86] 顯然是踏上內外、身心兼修的體育之路，到 1916 年易名為上海精武體育會。易名後的「精武」仍然貫徹霍元甲的精神，教授不同類別的拳種和器械。霍氏家傳的武藝之外，尚有譚腿、大成拳、功拳、節拳、八卦刀、五虎槍等。名師如七星螳螂拳羅光玉（1889-1944）、鷹爪翻子門陳子正（1878-1933）、霍元甲之子霍東閣（1895-1956）、羅漢門孫玉峰（生卒不詳）等先後任教於精武。自 1911 年起舉辦第一屆運動會，有單人、雙人和集體表演，之後每秋舉行。並且廣泛出版拳譜、[87] 刊物，[88] 以利傳授武術，鼓勵女性習武，亦不遺餘力。[89]

陳公哲、陳鐵生、姚蟾伯和盧煒昌等人一直四出奔走，求為精武開枝散葉。1918 年漢口精武體育會成立，已是重要一步，廣州分

會的建立，更代表南北武術的相遇。精武體育會成立十年之後，廣州國民軍司令李福林（1872-1952）亦支持廣州設立同樣性質的武術組織。他派副官馬湘前往上海考察，成功請得葉鳳歧（生卒不詳）和楊琛倫（生卒不詳）赴粵，授武之餘，講述精武宗旨。1919年4月，陳鐵生於廣州海珠戲院主持廣東精武會成立儀式，一時軍、商、政界名人冠蓋雲集，盛極一時。之後，上海精武的著名拳師沈季修、霍家傳人霍東閣、螳螂派羅光玉和鷹爪陳子正等先後南下授武，南、北武術終於融合於同一屋簷下。觀其各種套路和兵器，亦是南、北俱全。翌年，陳公哲與上海精武主任陳士超（生卒不詳）再訪廣州精武，順道遊覽佛山，與當地名流謀共同提倡體育，佛山精武乃得於1921年7月成立。[90] 南下廣州的精武拳師亦曾於此傳授鷹爪和螳螂派等北方武藝。

北拳南下打開了南北武術交流的管道，但論影響深遠，當然是張之江建立的中央國術館。張之江的舉措，顧名思義，以「國術」為名是要將中國武術上升到和國畫、國學的同等高度。更重要的是，他希望將中國武術整個承傳和傳播途徑重新整合。張之江，字子姜，河北鹽山人，1903年參軍，前後過了二十多年戎馬生涯，才於1926離開馮玉祥的西北軍總司令部，轉往南京國民政府。[91] 他曾習太極拳，有感武術有助健全國人身心，乃與李景林（1885-1931）、鈕永建（1870-1965）等奔走籌建武術研究館，其後改名國術研究館。最後得到國民政府代理主席李烈鈞的支持，成功申請建立中央國術館。1928年3月開始大張旗鼓，實踐雄圖，和精武館一樣，中央國術館亦以有容為大為原則，太極拳、八卦掌、形意拳等北方拳種，以及華中的少林拳都一應俱全。為消融最初門派之間的不和，組織上設有「一會三處」，即理事會、教務處、編審處和總務處，實行嚴格分工，力圖事事秉公辦理。[92] 中央國術館同樣求

統一教程、編訂教材，用更科學的方法解釋武術，普查並去除荒誕不經的門派和套路。唐豪掌管研究，工作做得特別仔細，影響也極大。同時期的武術館社，紛紛易名國術館，估計到 1933 年，全國共有二十四個省、市建立了國術館，縣級國術館達三百多所，還有其他地區、村的國術支館。[93]

之後的「五虎下江南」可算北派南傳的重大事件。所謂「五虎下江南」，源於 1928 年 10 月，廣東省政府主席李濟深（1885-1959）在南京觀看到中央國術館的第一屆武術考試，大感興趣，有意將中央國術館的模式移植南方，於是聘請該次考試得到不同等第的萬籟聲（1903-1992）、傅振嵩（1881-1953）、王少周（1892-1984）、顧汝章（1894-1952）和耿德海（1892-1970）等五人南下，籌建兩廣國術館。[94]

萬籟聲原名萬常青，生於湖北武昌，先隨北少林門、六合大槍門劉德寬（1826-1911）弟子趙鑫洲（生卒不詳）習武，後又拜杜心五（1869-1953）為師，修練自然門功夫。之後對武術更為熱愛，習形意、八卦、太極、劈掛、羅漢門等。1927 年，開始發表武術文章於《北京晨報》。二十六歲之年，著成《武林匯宗》，整理南北各派特色，一鳴驚人。大概在同時，他易名萬籟聲。

傅振嵩，傅式太極始創人，河南懷慶府沁陽縣人。早年隨賈歧山（生卒不詳）習八卦掌，後分別從陳延禧（生卒不詳）和宋唯一（1860-1925）習陳式太極和武當武功。傅振嵩精於劍術，1920 年投身李景林的奉天陸軍第一師後，便創辦劍術研究班教授軍官劍術。也在張作霖府教太極拳。1927 年退役後，1928 年加入中央國術館為教練。

王少周，河南回族人，自幼隨父習家傳獅豹拳，十五歲後分別拜程守典和石德勝（生卒不詳）習譚腿和查拳，精通拳腳兵器。1914 年赴太原授武，有緣入馮玉祥軍任教練。

鐵砂掌顧汝章，江蘇省阜寧人，自幼隨開設鏢局的父親習武，擅譚腿，後隨山東嚴蘊齊習少林拳和鐵砂掌，有一掌斃馬之傳說。在 1928 年的中央國術館國考中名列前茅。

耿德海，在北京長大，自幼得家傳劈掛拳，精通拳腳兵器，隨父任鏢師。傳說陝西拳師寇四（生卒不詳）受牢獄之災，獄中見群猴嬉戲，受啟發而創造出靈活的猴拳。因得耿德海之父耿榮貴（生卒不詳）之助而免負更大刑責，寇四出獄後授耿德海以猴拳。耿德海融合兩拳種，自創大聖劈掛門。清帝退位，各方軍閥冒起，耿德海先後任教東北軍和馮玉祥的部隊。

兩廣國術館成立於 1929 年 3 月，館址設在廣州市東較場。館長萬籟聲，教務主任李先五，教練顧汝章、傅振嵩、林耀桂（1874-1965）等。無奈國民黨內部紛爭，李濟深被蔣介石囚禁於南京湯山，由第八路軍總指揮陳濟棠主持粵政。同年 5 月底，陳濟棠以開支浩繁為由，下令解散兩廣國術館，並遣散所有教員及工作人員。[95] 兩廣國術館僅兩個月便夭折，但五虎亦定居南方不返。1929 年，王少周和顧汝章合辦廣州國術社，顧汝章任社長，王少周為副。其他人或私下設館授徒，或於軍隊中授武，對北方武術在南方的發展大有幫助。觀他們所習所授拳種，如太極拳、自然門、八卦掌、查拳、譚腿、鐵砂掌等，均異於一向流行於廣東一帶的傳統南拳。若再考慮廣州精武傳授的北派武術，如鷹爪門、北派螳螂、太祖拳、峨嵋槍、少林拳、六合刀、譚腿等，顯見北方武術已於廣東立足。

香江武林盛極一時

南北武術所以匯流香港，實賴各派拳師遷入香港。南派武術因地緣關係，早已於香港流行。南派宗師大多於廣東學藝揚名，辛亥

革命和抗日戰爭等重要時刻，他們挾技南下，最終立足香港，繼續發揚中國武術。民國以來，北派拳師大多先任職上海精武會，繼而獲邀任教廣州精武和兩廣國術館，最後個人或徒子徒孫加入香港精武。當中部分終生服務香港精武，亦有部分自立門戶，推廣北派武術。

　　一般的武人，教育水準未必很高，也缺乏新時代所需的專業訓練。昔日他們在鄉鎮授武，或任職鏢師護院，但工業化、都市發展和熱兵器的使用，使他們的技藝漸失社會功能。民國期間，部分尚且能在城市社區、新式學校和軍隊之中繼續授武。例如迷蹤羅漢門葉雨亭（1892-1962）出身鏢師，民國時任教於張學良的部隊，亦曾加入張宗昌旗下。[96] 另外，龍形派有「東江老虎」之稱的林耀桂之子林煥光，曾得廣東陳濟棠禮聘，在其航空學校教授拳術。[97] 然而，這種經歷也只能看作是過渡。個別軍政要員的賞識，無改武術不再適應現代戰場以至日常生活的現實。武術既然不再切合國家的戰爭以至治安需要，便只能力圖繼續於民間發展。自衛、跌打和養生等，成為武術在新時代的主要功能。

　　這時候遷移香港的南派武術宗師多不勝數，例如「東江三虎」之一的周家螳螂拳名家劉水 1910 年前後為避戰禍逃難至港；[98] 洪佛派名師洪照成（1865-1944）1921 年定居香港，授武至 1944 年病逝為止；[99] 少林黑虎門黃祥約於 1910 年到港，分別在港、九各地設館授徒。[100] 當然，部分武師南下，也出於不同的個人因素。例如黃飛鴻的兩個弟子凌雲楷（生卒不詳）和林世榮（1861-1943），因為私下與人結怨，被官府緝捕，不得已逃到香港。根據凌雲楷傳人林礎良所說，當年凌雲楷因為在墟場代人出頭，惹來仇人登門尋釁，比試之間殺傷來犯者，被迫逃到香港，幹粗活之餘，在橫頭磡一帶授武，並收了簡民英和梁林等徒兒。[101] 黃飛鴻的另一徒兒林世榮（1861-1940）大鬧廣州樂善戲院一事，更是武林佳話。此事實際發

生日子已不可考，據說在 1900-10 年間，林世榮弟子在戲院任職保安，但後來戲院改為官辦，並力圖排擠林世榮，設下圈套以百多人圍捕林世榮等十餘徒眾，林世榮率眾突圍，並重傷多人，被迫顛沛流離，期間應香港肉行商會之邀來港授徒。

部分北方宗師，亦因不同因素來港，從而帶來北方武術。如1930 年前後，楊家太極傳人董英傑（1897-1961）來港建立「董英傑太極健身院」，承傳楊式太極。[102] 吳家太極第二代掌門吳鑑泉（1870-1942）於抗戰期間來港，並於灣仔洛克道設館授徒，至 1942年香港淪陷後重回上海。[103]

從精武的發展而言，1910 年代成就確實斐然，各地分會紛紛成立，上述漢口、廣州和佛山精武會之外，尚有浙江紹興精武會（1911）、新加坡精武會和雪蘭莪精武會（1921）、森美蘭精武會、越南精武會和印尼泗水精武會（1922）。1923 年起，山東、江西、四川、南京、天津、廈門、梧州、汕頭、肇慶、南寧等地均有分會成立。

香港精武會亦在 1922 年成立。香港精武會，前身為精武學校，1919 年成立，於銅鑼灣大坑村，由余笑常和凌匹參任正、副校長，武術教師李樹山來自上海精武會。1920 年，凌匹參出席上海精武總會十週年紀念，睹其盛況，遂建議將香港精武學校改建為精武體育會，會址設於堅道 57 號，並覓得北派名師陳子正、劉占五、陳國俊、張樹青、趙桂枝、鮑希勇等南來授武。[104] 因會務大有進境，乃於 1926 年遷址亞畢諾道 15 號，後再遷堅道 2 號。之後上海、廣州、佛山、澳門各地精武教頭亦和香港精武有緊密聯絡。香港精武的消息亦廣見於各地的精武通訊，例如 1924 年《精武》對香港精武在武術之外的京樂、粵樂發展頗有讚譽。[105] 香港女子精武的蓬勃發展，亦得其稱道。另外，1927 年《佛山精武月刊》報導了香港精武

赴南洋推廣會務的消息。[106] 1924 年香港精武成立三週年，誌慶活動於太平戲院舉行。1924 年《精武》對活動內容和當時盛況有非常詳盡的報告。轉載的譯文〈香港精武之大進步〉，謂：「三年來，會員由少數驟增至數千。會務更積極進行。已添設國語班、京樂班、粵樂班及女子部。音樂造詣極深。非特為香港之冠，且足為全粵省模

香港精武會招牌（攝於 2015 年 6 月 2 日）

香港精武會內的霍元甲雕像（攝於 2015 年 6 月 2 日）

香港精武會內部設施之一（攝於 2015 年 6 月 2 日）

香港精武會內部設施之二（攝於 2015 年 6 月 2 日）

範。觀其會員日增無已。既知該會已得多數人士贊同，茲又增設義學。使莘莘學子，皆明瞭精武體育主旨。並令非精武會員，亦得享精武利益。」[107] 可見香港精武在武術以外，亦提供各種社會服務，使港人對之有更深刻的認識。

從武術而言，香港精武體育會確有助北派武術在香港落地生根，例如鷹爪翻子門陳子正 1921 年來港，在香港精武體育會任教三年，更在香港大學、皇仁書院、孔聖會開班授徒。[108] 陳子正北返後，香港精武極少有人繼承。劉法孟隨鷹爪拳名家劉士俊習藝，1924 年任教上海精武會，兩年後到佛山精武體育會任教，順理成章接替鷹爪門在港的教務。劉法孟一度離港，到 1931 年回港後自立門戶。鷹爪門這北派武功，之後一直為香港精武的重要課程，鷹爪門亦一直在香港民間享負盛名。[109]

大聖劈卦門是另一支循香港精武流入香港，並且盛極一時的北派武術。兩廣國術館解散後，耿德海受聘到香港精武會，繼續傳授其技藝。耿德海為求進一步發展，乃在 1930 年前後於中環石板街自建「民眾國術社」，造就不少出色徒眾。[110] 其徒陳秀中（1934-2020）生前活躍香港武壇，徒孫陳觀泰和冼林煜，分別在七十年代的國術擂台和八十年代的泰式擂台有良好表現，使大聖劈卦門的聲譽更為深入民心。

另一從北而來，在廣東和香港大放異彩的是螳螂拳。一般來說，螳螂拳分南、北兩支，兩者風格和內容都相去甚遠。一般認為北派的螳螂拳較廣為人知。不同的史料都普遍將螳螂拳追源到明末清初山東即墨縣人王朗，有說王朗學藝於嵩山少林，屢為一師兄所敗，謀取勝之法。有日見螳螂捕蟬，取其形態而自創手技，後又見猿猴相爭，兼取其猿猴步，再與其師兄戰而屢勝。之後反覆琢磨，再混合北方多達十種拳種，包括太祖長拳、通臂拳、纏封、短拳、

短打、猴拳、靠身、面掌飛疾、捧捋硬崩、勾摟採手、滾漏貫耳、占拏跌法、鴛鴦腳、七星連拳、窩裏剖捶、棍捋直入、磕手通拳等而成。螳螂拳一直流傳於山東境內，演變出硬螳螂（七星螳螂和梅花螳螂）、軟螳螂（六合螳螂）、太極螳螂和太極梅花螳螂等。各派自有風格，但勾、摟、採、掛、刁、進、崩、打、黏、輾、貼、靠等十二種手法大多具備，只是輕重軟硬不一。

至於螳螂拳南傳，得力於羅光玉師父。羅光玉是山東蓬萊人，隨山東即墨范旭東習螳螂拳。1919 年受聘上海精武會，與霍東閣、孫玉峯和陳子正等名師一同授徒。彼此惺惺相惜，互有交流。陳子正受螳螂拳啟發，更是武林佳話。1929 年 2 月羅光玉南下廣東精武傳授螳螂拳，雖然逗留只短短半年，但頗得口碑。廣東人得以加深瞭解北方的螳螂拳。羅光玉北返後，旋派其徒鄒喜功到廣州任教。羅光玉的盛名引起香港精武會的重視，禮聘他於 1932 年到香港授業。[111] 北方的螳螂拳與一直在福建和廣東流傳的客家螳螂大相逕庭。客家螳螂又稱南螳螂，其歷史淵源少有文獻可以詳實論證。

一般而言，廣傳的「朱家」和「周家」螳螂俱奉明末清初廣東省人周亞南為祖師，據說周亞南於福建少林寺時，見螳螂與相思雀相搏，仿螳螂身形馬步動靜，開創東江周家螳螂拳。至清末傳至劉瑞（又名劉水，1879-1942）。劉水後來到香港，授徒最多，當中葉瑞和朱冠華較多人認識。流傳香港的南派螳螂有「朱家」和「周家」之分。有解釋謂「朱」與「周」兩者以客家口音讀出，容易混淆，輾轉相傳之下，出了「朱家」和「周家」兩派，而事實上，兩派亦產生出各自的風格。[112]

大批身懷絕技人士南下香港，當然為香港武林之福，但一眾師父，要設館授徒和開枝散葉殊不容易。當時有幸能展抱負者，大多任教於各種商會、體育會或學校，少量成功的例子，就能自立門

戶，另開天地。國內的學校於二十年代即有授武，風氣所致，港、澳中學爭相效尤。

觀七星螳螂名師黃漢勛憶述，1933 年奉羅光玉之命設館於澳門南灣街 33 號，餘暇亦授徒於鐸聲遊樂社、孔教學院和尚志中學等。其後轉職漢口精武會，亦同時授武於「市立體育專門學校」、世界戲院、警備司令部等。抗日戰爭爆發，黃漢勛輾轉南返抵港，除於興漢道自建漢勛健身院外，亦分別任教陶叔女子中學、中南中學、漁民學校筲箕灣分校及鴨脷洲分校、民強體育會、茶居工業總會復強分部等。[113]

在香港，武術沒有政府推動，也沒有軍事或國防的作用，也逐漸失去民族主義的內涵，變成了純粹個人修養的功夫。但至少，武術和教育仍然互相投合，所以今天武術仍在不少中、小學之中，以興趣班或者課外培訓的形式存在。

在成人的社會，武術在強身健體之外，仍然有社會以至自衛的功能。之前各大行業，不少已設有行會。二三十年代新式企業興起，資方開始措意改善勞方的各種待遇。工資之外，亦有提供進修、娛樂和消閒機會。這在西方色彩濃厚的大企業更為明顯。例如二三十年代立足香港的先施和永安等公司，不但為員工在工餘提供英語、德育和健體課程，也鼓勵員工自建工會，風氣所及，二三十年代不少行業都設有不同形式的工會。[114] 工會組織武術班成為著名師父傳授武藝和營生的場地。林世榮二十年代來港，就是受肉商工會聘請，其他的例子還包括洪拳鄧芳為九龍首飾工會和東區鮮魚買手商會教頭；洪佛派葉祥行在香港電燈公司工人宿舍授武；少林黑虎門黃祥先後受聘於九廣鐵路職工會和旺角及深水埗幾間茶樓；蔡李佛崔章所授徒兒，遍佈白鐵工會、茶居工會、酒樓工會、飯店工會、內河輪船會、平平互助社及持平肉行工會等。畢竟戰後生活艱

難，要討口飯吃並不容易。一般勞苦大眾，為生計而起糾紛是平常事，鄉間的械鬥傳統可能隨移民流入香港，大家一時未能適應香港的法治制度，遇事訴諸拳頭並不罕見。所以習武在這些大眾行業也有其需要。

當然，大多武術師父，有能力的話，還是會選擇自行設館授徒，不但自主性高，更可專門傳授自己所長。趙式慶在《香港武林》曾畫過一幅有趣的香港武術地區圖，詳細描述不同武術派別在香港各區的分佈情況，顯示香港地方雖小，但武術派別仍然有明顯的地區劃分。[115] 比較明顯的是所謂客家人較為集中在新界區域，例如白眉、周家螳螂、朱家螳螂、龍形等在北區、大埔區、元朗、沙田、西貢，以至所謂新九龍區都較為盛行，相反九龍半島和香港島等較早開發之地，情況則沒有那麼單純。珠三角武術如洪拳、蔡李佛、詠春、白鶴、俠家、詠春、譚家三展、柔功門等；北方的北少林地螳八卦門、鷹爪翻子、迷蹤羅漢門、大聖劈卦門、七星螳螂拳、各式太極都一應俱全。黃漢超著《中國近百年螳螂拳史述論稿》中，也有一小段文字追溯到二三十年代香港武館的分佈情況。當時香港島較早開發，尤以西、上和中環為甚，所以武館由西營盤延伸至灣仔。當中包括洪拳麥展晴（西營盤）、洪拳鄺庚臣（上環九如坊）、洪拳周國（中環）、蔡李佛陳耀墀（中環）、洪拳麥芝（中環）、白鶴吳肇鐘（大道中）、梅花螳螂鮑光英（中環）、吳式太極吳鑒泉（中環）、洪拳林世榮（灣仔）、洪佛白毛照（灣仔）等。綜合而論，珠三角武術一直穩站先開發的地區，洪拳在這一帶明顯是大派別。立足堅道一帶的精武會成為了香港島上的另一個武術核心地區，銅鑼灣則逐步成為北派武術的基地。

客家武術落腳新界，和客家人聚居該地自然有關。其他武術較活躍的城市地區，有歷史也有偶然因素。例如鷹爪翻子門、太極螳

蠅拳和傅式太極後來流行於油尖旺區，與引入這些武術的精武體育會搬遷到油麻地可能有關。其他的多屬技隨師走。耿德海最初授武於石板街，後來遷至鵝頸橋。大聖劈卦門因而盛於灣仔、銅鑼灣一帶。耿德海和劉法孟、董英傑合稱「河北三傑」，交遊甚廣，他們和葉雨亭時有過從。葉雨亭教授迷蹤羅漢拳於銅鑼灣的南華會，北派武術在灣仔和銅鑼灣遂成主流。

註釋

1　王鴻泰，〈武功、武學、武藝、武俠：明代士人的習武風尚與異類交游〉，載於《中央研究院歷史語言研究所集刊》第 85 本第 2 分（2014 年 6 月號），頁 209-267。

2　李吉遠，《明代武術史研究》（北京：中國社會科學出版社，2018），頁 3。

3　綜合的評論，見陳文石，〈明代衛所的軍〉，載於《中史研究院歷史語言研究所集刊》第 48 本第 2 分（1977 年），頁 177-203

4　詳見 *Bandits, Eunuchs and the Son of Heaven*, chapter 3.

5　張三峯因黃宗羲撰的〈王征南墓誌銘〉所述，而被視為內家拳始祖，估計是元末明初人，又有說是宋代人。到了晚清，內家拳的起源被推到唐代，宋代的張三峯變成了融會貫通，發明太極拳的祖師，其名字之後又有張三豐和張三丰的寫法。民國時唐豪和徐震（1898-1967）就考證張三峯 / 豐 / 丰與太極和內家拳無關。見唐豪：《行健齋隨筆・唐豪太極少林考》（太原：山西科學技術出版社，2008）；徐震：《徐震文叢・太極拳考信錄》（太原：山西科學技術出版社，2006）。

6　王廣西：《功夫：中國武術文化》（新北：雲龍出版社，2003 年），頁 5-82。

7　Lucille Chia and Hilde de Weerdt, *Knowledge and Text Production in an Age of Print: China 900-1400* (Leiden: Brill, 2013), pp. 9-13.

8　《明清武術古籍拳學論析》，頁 3。

9　同上，頁 20。

10　唐順之，《武編》（北京：北京愛如生數字化技術研究中心，2009），前篇卷三，頁 44-45。

11　同上，頁 45。

12　《江南經略》，頁 426-427。

13　《紀效新書》，頁 192。

14 同上，頁 571-576。

15 同上，頁 607。

16 同上，頁 327-329。

17 〔明〕吳殳，《手臂錄》（北京：北京愛如生數字化技術研究中心，2009），卷三，頁 4。

18 同上，頁 6-7。

19 Meir Shahar, *The Shaolin Monastery: History, Religion and Chinese Martial Arts* (Honolulu: University of Hawaii Press, 2008), p. 54.

20 《中國武術史略》，頁 48。

21 《江南經略》，頁 461。

22 同上，頁 463。

23 同上，頁 461。

24 趙寶俊，《少林寺》（上海：上海人民出版社，1982），頁 74。

25 《中國武術史略》，頁 47-50。

26 黃宗羲：〈王征南墓志銘〉，《南雷文定前集後集三集（上）》（上海：商務印書館，1936），頁 128-129。

27 《明清武術古籍拳學論析》，頁 132。

28 〔清〕張孔昭著，〔清〕曹煥斗注，《拳經》（北京：北京愛如生數字化技術研究中心，2009），頁 1。

29 同上。

30 《明清武術古籍拳學論析》，頁 141。

31 尊我齋主人，《少林拳術秘訣》再版（天津：天津市古籍書店，1988），頁 114。

32 唐豪，《少林拳術秘訣考證》（上海：上海市國術協進會，1941），頁 90-99。

33 同上，頁 99-138。

34 同上，頁 93。

35 西方社會史的權威如霍布斯本（Eric Hobsbawm）和湯姆普森（Edward Palmer Thompson）對草莽和勞動階層的研究，正正反映出這民眾的面貌。參考 Eric Hobsbawm, *Labouring Men: Studies in the History of Labour* (London: Weidenfeld & Nicolson, 1964); Bandits (London: Weidenfeld and Nicolson, 1969); *Uncommon People: Resistance, Rebellion and Jazz* (London: Weidenfeld & Nicolson, 1998); Edward Palmer Thompson, *The Making of the English Working Class* (London: Victor Gollancz, 1963).

36 周錫瑞（Joseph W. Esherick）著，張俊義、王棟譯，《義和團運動的興起》（The Origins of the Boxer Rising）（南京：江蘇人民出版社，2005）。

37 詳見秦寶琦、孟超，〈哥老會起源考〉，載於《學術月刊》第 4 期（2000 年），頁 68-73。

38 研究中國近代秘密社團的奠基人物如陶成章、羅爾綱、蕭一山等都指出南少林的傳說大盛於革命浪潮中。綜合的討論見程大力、郭裔、王小兵，〈南少林、天地會與閩、粵、川武術淵源〉，載於《中華武術研究》第 1 期（2012 年），頁 18。

39 郭裔，《晚清民國時期的廣東武術》（廣州：華南理工大學出版社，2013），頁 25。

40 同上，頁 25。

41 〈南少林、天地會與閩、粵、川武術淵源〉，頁 18-34。

42 《晚清民國時期的廣東武術》，頁 33。本地武術作者李剛師父，有「武林鐵筆」的外號，他相當堅信南少林的存在。見〈李剛師父概說南少林（一）〉，載於黑帶論壇網站 http://blogcity.me/blog/reply_blog_express.asp?f=K2G7TEA6L8215037&id=399917，〔瀏覽日期，2015 年 2 月 2 日〕；〈李剛師父概說南少林（之二）〉，載於黑帶論壇網站 http://blogcity.me/blog/reply_blog_express.asp?f=K2G7TEA6L8215037&id=404016，〔瀏覽日期，2015 年 2 月 2 日〕；〈李剛師父概說南少林〉，載於黑帶論壇網站 http://blogcity.me/blog/reply_blog_express.asp?f=K2G7TEA6L8215037&id=406607，〔瀏覽日期，2015 年 2 月 2 日〕；〈李剛師父概說南少林（終結篇）〉，載於黑帶論壇網站 http://blogcity.me/blog/reply_blog_express.asp?f=K2G7TEA6L8215037&id=409709，〔瀏覽日期，2015 年 2 月 2 日〕。

43 秦寶琦，〈香花僧秘典、萬五道宗、西魯故事與天地會起源〉，載於《清史研究》第 3 期（2007 年 8 月號），頁 70。

44 同上。

45 馬志斌，《嶺海武林》（廣州：廣東人民出版社，2000），第三章。

46 秦寶琦，《江湖三百年：從幫會到黑社會》（香港：三聯書店〔香港〕有限公司，2012），頁 10-13。

47 徐安琨，《哥老會的起源及其發展》，收入《古代歷史文化研究特刊》四編，第三十冊（台北：花木蘭文化出版社，2010），頁 87。

48 譚廣鑫，〈巫武合流：武術秘密結社組織中的巫術影響研究〉，載於《體育科學》第 37 卷 2 期（2017 年），頁 89。

49 王世景、孫慶彬，〈天平天國武術在桂東南的傳承和發展〉，載於《山東社會科學》第 2 期（2015 年），頁 433-434。

50 劉晨，〈上帝教與太平天國的興衰——以蕭朝貴神話歷程為中心的考察〉，載於《揚州大學學報》第 1 期（2014 年）頁 92-96。

51 路雲亭對此討論最詳細，見《義和團的社會表演——1887-1902 年間華北地區的戲巫活動》（上海：上海古籍出版社，2014）。

52 唐建光，《1949，中國江湖的末日》（台北：龍圖騰文化有限公司，2012），頁 153。

53 張大為，《武林掌故》（北京：當代中國出版社，2013）。

54 王廣西，《中國功夫》，頁 130。

55 李弘祺，《學以為己：傳統中國的教育》（香港：中文大學出版社，2012），頁 100。

56 曾超勝等：《廣東武術史》（廣州：廣東人民出版社，1989），頁 65-67。

57 參考 Dian H. Murray, *Pirates of the South China Coast, 1790-1810* (Stanford, Calif.: Stanford University Press, 1987)；Antony Robert, *Like Froth Floating on the Sea: The World of Pirates and Seafarers in Late Imperial China* (Berkeley, Calif.: Institute of East Asian Studies, 2003)。另見袁展聰，《不均等的對抗──鴉片戰爭中廣東海防快讀崩潰的遠因》（香港：天地圖書有限公司，2018），第一至二章。

58 有關嘉慶年間廣東團練情況，可參〔韓〕都重萬，〈嘉慶年間廣東社會不安與團練之發展〉，載於《清史研究》第三期（1998 年），頁 50-61; Antony Robert, "State, Community, and Pirate Suppression in Guangdong Province, 1809-1810," *Late Imperia China*, 27:1 (2006), pp. 1-30。

59 〔清〕那彥成，《那文毅公（彥成）兩廣總督奏議》，收入《近代中國史料叢刊》（台北：文海出版社，1968），第 203 冊卷 11，頁 1453-1454。

60 〔清〕袁永綸著，蕭國健、卜永堅箋注，《靖海氛記》（香港：華南 究會華南 究資料室，2007），頁 12。

61 同上，頁 13-14。

62 Tobie Meyer-Fong, *What Remains: Coming to Terms with Civil War in 19th Century China* (Stanford: Stanford University Press, 2013), 首章痛陳團練之弊。

63 《廣東武術史》，頁 41；但郭裔卻認為李友山是 1750 年代的人，見《晚清民國時期的廣東武術》，頁 57。

64 近年較全面的廣東客家人研究有譚元亨，《廣東客家史》（廣州：廣東人民出版社，2011）。

65 湯錦台，《千年客家》（台北：如果出版社，2010），頁 14。

66 同上，頁 29。

67 詳見鄭德華，《土客大械鬥：廣東土客事件研究 1856-1867》（香港：中華書局〔香港〕有限公司，2021）。

68 趙式慶主編，《客武流變：香港客家功夫文化研究》（香港：商務印書館〔香港〕有限公司，2020），第一至二章。

69 《武術傳播引論》，頁 48。

70 朱兆基，《蔡李佛》（香港：超媒體，2009），頁 29。

71 佛山鴻勝館，《佛山鴻勝館一百五十周年特刊》（佛山：佛山鴻勝館，2006），頁 6。

72 關於黃飛鴻的材料少得可憐，不離朱愚齋的小說、黃飛鴻最後一任太太莫桂蘭的義子李燦窩和林世榮之侄兒林祖等人的憶述。鄧富泉有歷史學訓練，也是洪拳研習者，亦未能發現太多的新材料。見鄧富泉，《黃飛鴻傳略》（銀川市：寧夏人民出版社，2007）。

73 《廣東武術史》，頁 59-60。

74 張麗華，〈梁啟超與《中國之武士道》〉，載於《雲夢學刊》第 5 期（2008 年），頁 38。

75 楊瑞松指出東方病夫原指中國「長期衰敗又無力改革的窘態」，見楊瑞松，《病夫，黃禍與睡獅》（台北：政大出版社，2010），頁 28。從其他文獻看到大概在二十世紀初的留日中國學生和學者開始有謂外人以該詞譏諷中國人體羸氣弱，但卻無相關文字記載證實。

76 呂繼光等討論了當時整個文化氣候對武術的影響，見呂繼光、陳英、曹守和、趙海軍，〈武術競技化過程中的觀念變化〉，載於《體育學刊》9 卷 2 期（2002 年），頁 47-52。

77 江平、梅杭強、彭嬋，〈天津中華武士會之研究〉，載於《搏擊·武術科學》9 卷 5 期（2012 年），頁 33。

78 徐烈、郭志禹、丁麗萍，〈近代文化保守與激進主義思潮下武術發展之嬗變〉，載於《武漢體育學院學報》42 卷 12 期（2008 年），頁 25。

79 王照欽，〈晚清西式兵操的形成及其體育內涵〉2011 慶祝建國百年節慶與賽會國際學術研討會，2011 年 6 月。http://ir.lib.ctu.edu.tw/bitstream/310909700/6443/3/2.%E7%8E%8B%E7%85%A7%E6%AC%BD-%E6%99%9A%E6%B8%85%E8%A5%BF%E5%BC%8F%E5%85%B5%E6%93%8D%E7%9A%84%E5%BD%A2%E6%88%90%E5%8F%8A%E5%85%B6%E9%AB%94%E8%82%B2%E5%85%A7%E6%B6%B5.pdf，〔瀏覽日期，2022 年 1 月 20 日〕。

80 Andrew D. Morris, *Marrow of the Nation: A History of Sport and Physical Culture in Republic China* (Berkeley: University of California Press, 2004), p. 17.

81 《武學探真》下冊，頁 279。

82 孫雪娟等，〈《中華新武術》的推廣對普及武術健身操的意義〉，載於《搏擊》3 期（2012 年），頁 9-10、42。

83 潘冬，〈文化發展與中國武術的現代化轉型〉，載於《武學》第一輯（2015 年），頁 162。

84 陳公哲，〈霍西元甲赴滬比武與精武會創始之因：精武會五十年〉，載於《香港精武體育會有限公司創會六十七週年紀念第十二屆董事就職典禮 會員聯歡大會特刊》（香港：香港武體育會，1989），頁 61。

85 高翠，《從「東亞病夫」到體育強國》（成都：四川人民出版社，2003），頁 42。

86 胡玉姣，《乃文乃武、惟精惟一：上海精武體育會體育現代化研究 1910-1937》（上海：上海古籍出版社，2018），頁 21。

87 〈出版紀略〉，載於《精武本紀》，頁 89；《民國國術期刊文獻集成》，卷 1，頁 113。

88 包括《精武本紀》（1919）、《中央》（1922-1923）、《精武雜誌》（1923-1939）、《精武特刊》（1923）、《精武春秋》（1929，兩期）、《精武年報》（1931）、《精武畫報（1927-1932）》及《精武叢報（1933-1947）》等。

89 浦闊亭，〈上海廣東小學記〉，載於《精武本紀》，頁 66；《民國國術期刊文獻集成》，卷 1，頁 90。

90 詳見張雪蓮、高宇峰，〈佛山精武會的組織和發展〉，載於佛山市博物館網站 http://www.foshanmuseum.com/search/detail.html?id=9283，〔瀏覽日期，2021 年 12 月 4 日〕。

91 關於張之江的生平，可參閱萬樂剛，《張之江將軍傳》（北京：團結出版社，2015）。

92 《中央國術館彙刊》（1928），頁 19-20，《民國國術期刊文獻集成》，卷 8，頁 405-406。

93 林小美等，《清末民初中國武術文化發展研究》（杭州：浙江大學出版社，2012），頁 167。

94 〈第一次國考特刊〉，（七）考試錄，載於《民國國術期刊文獻集成》，卷 9，頁 51-57。

95 《廣東武術史》，頁 79。

96 〈迷蹤羅漢拳術班簡介〉，載於《香港精武體育會有限公司創會六十七週年紀念第十二屆董事就職典禮 會員聯歡大會特刊》，頁 52。

97 陸慧心，《香港武林名師集》（香港：香港武術文藝服務中心，2005），頁 108。

98 同上，頁 97。

99 關於洪照成和洪佛派早年在香港的發展，見《洪佛派國術總會第二十五屆職員就職典禮暨恭祝洪公白毛照宗師寶誕 150 歲誕辰 2014 年紀念特刊》（香港：洪佛派國術總會，2014），頁 14-19。

100 同上，頁 101。

101 中華國術總會，《香港武林》（香港：明報周刊，2014），頁 131-132。

102 《香港武林名師集》，頁 103。

103 同上，頁 97。

104 張俊庭，〈香港精武會五十年概況〉，載於羅克堯主編：《香港精武體育會金禧特刊：1922-1972》（香港：香港精武體育會，1972），頁 25。

105 〈香港精武消息〉，載於《精武》第 39 期（1924 年），頁 73。

106 〈港會近況〉，載於《佛山精武月刊》2 卷 4 期（1927 年），頁 66。

107 〈香港精武之大進步〉，載於《精武》第 40 期（1924 年），頁 58。

108 《香港武林名師集》，頁 98。

119 劉法孟，《鷹爪一百零八擒拿術》（香港：麒麟圖書公司，1977），序言。

110 《香港武林》，頁 529-530。

111 黃漢超，《中國近百年螳螂拳術史述論稿》（香港：天地圖書有限公司，2002），頁 39-58。

112 《香港武林》，頁 359-362；〈劉水嫡孫正視聽〉，載於黑帶論壇網站 http://blogcity.me/blog/reply_blog_express.asp?f=K2G7TEA6L8215037&id=602594&catID=&keyword=&searchtype，〔瀏覽日期，2015 年 12 月 13 日〕。

113 黃漢勛，〈任事四十年〉，載於黃鵬英，《黃漢勛先生服務國術界四十年榮休紀念特刊》（香港：港九螳螂拳同學會、漢勛健身學院，1972），頁 39。

114 盧錦堃，〈記先施公司德智體育部〉，載於先施有限公司編，《香港先施公司鑽禧紀念冊》（香港：先施有限公司，1975 年），頁 85；Yen Ching-hwang, "The Wing On Company in Hong Kong and Shanghai: A Case Study of Modern Overseas Chinese Enterprise, 1907-1949," in *Studies in Modern Overseas Chinese History*, (Singapore: Times Academic Press, 1995), p. 210.

115 《香港武林》，頁 718。

02

武術、武館和擂台

南華體育會少林班週年聯歡大會全體合照五三八月

　　我是山人的《佛山贊先生》是通俗小說，但第一回所說，多少表現出武術在傳統社會中流播的形式，以及清末民初武術在南方之盛：

　　　　中國拳術，派系最多，單以南派而論，洪劉蔡李莫五大家而外，更有詠春派、白鶴派、嶺東派等，類皆著名於嶺南者也，佛山為我國四大鎮之一，自昔工業繁盛，工友特多，各行會館，均聘請名師回來，教授各行友技擊，是故佛山武風特盛，名師輩出，今者港名拳師，多出自佛山者，非無故也，佛山各行，以土布織造行、鮮魚行、薯莨曬染行、顏料行、雨遮行、鎅木行、茶居行等為最大，每行擁有行友數千人，每日晚飯之後，輒群集武館練技，而富商巨賈，亦多聘專師回店教授店伴子弟……。[1]

　　早年南來武人，為求溫飽，亦多於各種工會授武。後來才逐漸以其他社團為基地發揚武術傳統，稍有名聲的，進而設館授徒，並發展出獨有的文化和承傳形式。但畢竟習武者多來自低下層，學費

不得不低廉。香港寸金尺土，師父收入有限，武術之路並不好走。1954 年的一場國術擂台賽，一度帶來熱潮，令國術進入普羅大眾的視域。

戰後南北宗師授業營生之法

武術在香港立足發展，尤其在戰後 1940-60 年代更是發展蓬勃，很多不同門派（以南派為主）的重要傳人都在 1920-60 年代移居香港：包括洪拳黃飛鴻、林世榮、林祖；永春鄧奕；詠春葉問；周家南螳螂葉瑞等，使得香港成為了中華武術匯聚一堂的地方。[2]

林家洪拳傳人可算幸運，四代經歷各種授武方式，到今還能承傳。

林世榮最初因在廣州犯案逃到香港，在肉商工會開班。到 1928 年和剛滿十八歲的侄兒林祖（1910-2012）來到香港定居，並在中環的石板街開設武館。[3] 林祖於 1940 年代起在灣仔石水渠街的藍屋開武館教授功夫，並經營跌打醫館，創立南武體育會。[4] 他生前在旺角水渠道的武館，至今仍有「林祖健身國術學院」招牌。從前武館地方淺窄，練功常在戶外，但也有意外之得。林祖長子林鎮輝憶述：「以前朝早六點，我便會與爸爸和一兩個徒弟到屋後三馬路的公園（堅尼地道上）去練功，一直練至八點前才上學去……當時很多師父都在三馬路練習，爸爸會讓我們細心觀察，然後叫我們分析各路師父的長處特點，增長見識，不但要識洪拳，也要認識其他門派。」[5] 同時，武館在民房附近，也容易引起坊眾興趣。據林祖的女兒林鳳珠回憶：「……練功夫則在廳裏進行。晚上練功夫時都會把大門打開，門外會站着不少人圍觀，當中有些看了一段時間才來拜師。每晚玩功夫到十點、十一點，有些徒弟就會外出到後街買宵夜……當時學武之風很盛，每晚都有二三十個徒弟前來，……而爸爸最喜歡

位於灣仔的林鎮顯醫館（攝於 2015 年 5 月 30 日）

掛在灣仔藍屋外的林鎮顯醫館招牌
（攝於 2015 年 5 月 30 日）

掛在灣仔藍屋外的林鎮顯簡介告示牌（攝
於 2015 年 5 月 30 日）

灣仔藍屋全貌（攝於 2015 年 5 月 30 日）

的徒弟就是那些肯學肯練的。有些徒弟也會在醫館幫手……」[6]

林鎮輝五歲隨父習武，十五六歲便擔任功夫教練，除了藍屋內的武館，也在西區福利會和長沙灣青山道一所織造廠教拳，[7] 十八歲在北角英皇道開設自己的跌打醫館，行醫濟世、教授洪拳。[8] 為了事業，林鎮輝頗長一段時間任職銀行界，白天上班，晚上才教功夫和醫跌打。[9] 今天林鎮輝之子林存浩仍能繼承父業。

黃飛鴻的其他傳人際遇不一。凌雲楷同樣因犯事傷人逃到香港，但因早逝，授徒不多。梁林在元朗八鄉經營農場，並教授功夫，其子梁礎良就是在那裏長大並隨父親和簡民英習武。[10] 黃飛鴻第四任妻子莫桂蘭來港之初，境況頗為困難。最初她在告士打道居住，得義子李燦窩之助，1936-40 年間在位於灣仔區的澤群學校教授洪拳，1946 年在灣仔重開「寶芝林」。1960 年在洛克道開設「黃飛鴻健身學院」，[11] 該館 1970 年遷址於軒尼詩道，1976 年再遷往筲箕灣金華街，到 1978-80 年期間又遷至灣仔灣仔道，歷經不少漂泊。[12] 鄧芳原是林世榮的徒弟，及後跟隨黃飛鴻深造。1948 年定居香港後，在九龍首飾工會、東區鮮魚買手商會教授洪拳及獅藝，[13] 學生有周永德及何立天等人。林世榮弟子劉湛（？-1963），授武之餘活躍影壇，兒子劉家良（1934-2013）和劉家榮、姨甥劉家勇、義子劉家輝分別繼承其業，在影圈另闢營生之道。

永春宗師鄧奕（1910-1991）1947 年來到香港生活，憑着祖傳的六點半棍，被武林中人譽為「一代棍王」。[14] 鄧奕主要在油麻地大德欄生活和授徒，並與其他師父切磋。據其孫女說：「八公（鄧奕排行第八）在打完仗來到香港，本來想學門手藝為生，據說當初打算學做裁縫；後來才應邀到大德欄教拳。當時不少習武之人都在大德欄裏聚合切磋。」[15] 1960 年，著名戲劇家林家聲的父親林尚榮，因仰慕鄧奕的拳棍，便請他到他那間劇藝社教導藝員，幾年後，這間劇

油麻地果欄（攝於 2015 年 6 月 2 日）

位於油麻地果欄內的大德欄舊址（攝於 2015 年 6 月 2 日）

藝社因拆建而停辦，鄧奕從此不再公開授拳，只是選擇幾個天資好且品性純良的作私家教授，例如陳凱旋、鄺澤昌、鄧松柏和謝金。[16]

　　國內的詠春名師如阮奇山（1887-1956）、姚才（1890-1956）和岑能（1926-2002）一直在詠春拳的圖譜佔有重要位置，[17] 但本世

紀以來，詠春拳立足香港，傳達世界各國，卻和葉問（1893-1972）有密切關係。1949 年大陸解放後，葉問經澳門來到香港，最初無處棲身，唯有在深水埗醫局街的天后廟內投宿，住了大半年。後來得到好友港九飯店職工總會秘書李民的介紹，安頓在深水埗大南街之港九飯店職工總會。該會主席梁相自幼習武，工餘在會館授拳，教授蔡李佛、龍形摩橋。梁相得知葉問曾習武而與其講手過招，拜服於其詠春功夫而成為其在港首名弟子。1950 年 7 月，葉問在九龍大南街飯店職工總會開設第一個詠春班，這段時間稱「前期飯店公會」，此外，在香港上環飯店職工總會之公安分會亦有開班。[18] 1953 年，飯店公會改選，梁相落敗，葉問將拳館遷到海壇街。[19] 1954 年，梁相重掌飯店公會大權，葉問再返回飯店教拳，稱「後期飯店工會」。[20] 拳館其後先後遷至利達街、李鄭屋邨、大埔道等地。1963 年，葉問轉往大角咀全福街大生飯店的閣樓授拳。[21] 1965 年，七十二歲高齡的葉問已是半退休狀態，只在通菜街住所作個別教授，詠春拳開枝散葉就靠下一代了。在 1950 年代，葉問先後收梁相、駱耀等人為徒。1954 年，年僅十四歲的李小龍亦拜葉問為師。[22] 葉問弟子人數眾多，1960 年代的「詠春三擦」及「梁相十虎」相當聞名。[23]「三擦」是指黃淳樑、葉步青和文少雄三位經常與別派比武切磋的師父；「十虎」則是指葉問首徒梁相所收的十名得意弟子。

　　1967 年，詠春體育會正式成立為註冊社團有限公司，並在會址設有功夫班。[24] 翌年，從彌敦道遷往旺角水渠道的自置會址，[25] 1974 年正式註冊成為非牟利的有限公司。之後葉問詠春開枝散葉則靠他的徒子徒孫，當中盧文錦被稱台灣詠春之父，李志剛則立足美國。詠春得以通過電影廣為人知，李小龍居功至偉，但著名電影製作人黎應就亦是一個栽花人。[26]

　　戰後 1950-60 年代，很多蔡李佛拳師紛紛南下來到香港避禍，

《新武俠》為詠春宗師葉問所做的
專訪（許日彤先生提供）

位於九龍彌敦道的葉問國術總會（攝於 2015 年 6 月 2 日）

當時香港的蔡李佛拳館林立，光是深水埗已有十多間蔡李佛拳館，部分設於唐樓天台。包括 1940 年代，方玉書在深水埗北河街 90 號 2 樓開設的「玉書健身院」；[27] 1950 年代，位於深水埗汝州街 240 分號天台的「杜漢璋健身學院」、[28] 李秋於戰後在九龍荔枝角道開設的「李秋健身學院」等。[29] 1970 年代，「蔡李佛陳享公紀念總會」於深水埗汝州街成立，一直把蔡李佛派的不同門師兄弟聯繫起來，舉辦會員和理事會議，討論弘揚武術，解決糾紛爭議等。[30]

另外，李冠雄在 1960-90 年代，先後於九龍城息影體育會國術部和自設的「鴻勝蔡李佛冠雄國術會」傳授蔡李佛拳，[31] 頗負盛名。他並於 1980 年代任教於香港中文大學新亞書院新亞國術會，將武術帶進校園。[32] 其他如陳安在西環卑路乍街的肉行持平公會教拳，[33] 王棟材 1960-70 年代受聘為香港康體署及精武體育會國術部教練，又在香港大學教授南北拳。[34] 這些都是當時典型的傳授方法。

白鶴派據說由西藏活佛傳昇龍長老，傳人包括黃林開、朱子堯和廣東十虎之一的王隱林等。[35] 再傳弟子吳肇鐘（1887-1967）1930 年代南移香港，及後南華會在籌備課程中開設了國術班，吳肇鐘則成為了南華會第一批國術師父。[36] 白鶴三夫 —— 陸智夫（1910-1995）、陳克夫（1918-2013）、鄺本夫（生卒不詳）均為吳肇鐘得意弟子。1934 年，陸智夫在灣仔軒尼詩道 386 號 2 樓成立「陸智夫國術社」，教授白鶴派功夫、醒獅武術並主理跌打骨科。[37] 1960-70 年代，陸智夫搬到利園山道的舊樓天台教拳。[38] 1961 年，鄺本夫回港創立九龍白鶴，行醫授武，並成功吸收大量中學生。名校如喇沙、培正等，不少學生均受業於鄺本夫。

生於 1911 年的鄭文龍，是福建漳州龍溪國術館永春白鶴拳張楊華大師嫡傳弟子，武藝精湛，曾參加福建第五行政區國術比賽，技壓群雄，勇奪冠軍，是福建極具代表性的南少林拳師。[39] 但他 1957 年來到香港，最初只能在當時北角邨西座海傍的空地（即今日北角

街市近海位置）教拳。[40] 到 1965 年，他進而在觀塘雞寮的觀塘社區中心潮藝社教拳。[41] 他見徒兒日多，進而在英皇道美都大廈開館，後於 1969 年在北角設立「福建南少林永春白鶴拳社」。[42]

粵東武術隨人口南移傳入香港，傳播方法雖不離武館、社團和學校，但卻有明顯地緣和族群特色。較早來港的東江周家螳螂拳立足於潮汕人聚居的九龍城和紅磡一帶。1910 年，宗師劉水來到香港，開始在筲箕灣造船工會「西義工會」授徒及行醫濟世。[43] 1912 年左右，劉水將武館搬去紅磡寶其利街 59 號 2 樓。[44] 其徒葉瑞（1913-2004）1948 年在九龍紅磡馬來街 11 號設館授拳。1965 年，葉瑞復將武館遷於九龍城打鼓嶺 46 號 3 樓。[45] 葉瑞弟子李天來為警務人員，1996 年，組職成立「香港員警武術會」，利用工餘時間一同發揚中國傳統武術，並引薦同門加入，開班教授周家螳螂拳術。[46]

位於荃灣屬於白鶴派的張國華國術總會招牌（攝於 2015 年 6 月 2 日）

張國華國術總會掛於樓梯間的招牌（攝於 2015 年 6 月 2 日）

2007 年，李天來成立「東江周家螳螂李天來拳術會」。[47]

　　至於白眉和龍形兩派，最初流播於新界的客家人聚落，後來傳入市區。1949 年，白眉名師張禮泉（1882-1964）攜三子來到香港，[48] 初時在新界多個客家族群中教授白眉武藝，例如元朗大旗嶺村和軍地村，[49] 之後在深水埗設館授徒。其徒鄒福則在 1962 年起在上水花縣同鄉會任教，並成立「鄒福健身院」。[50] 之後深水埗一直是白眉派的重鎮。2003 年秋，「全球白眉武術總會」成立（前身是「白眉國術總會」），會址位於九龍青山道 688-690 號嘉名工業大廈 5 樓 A8 室，張禮泉次子 —— 張炳霖為該會之永遠監督。[51]

　　至於龍形拳，名師林耀桂 1938 年首次南下來港避禍，曾到香港大埔林村、南華莆村、坑下莆村、大窩村一帶傳藝，又在本地的惠州同鄉會總會（前身為東江體育會）、旺角消防局等處授徒，令龍

形派正式南傳香港。[52] 期間由次子燦光助教，林耀桂回惠州及廣州處理教務。1956 年再次來港並定居，身體雖大不如前，仍在香港紅磡蕪湖街成立省港林耀桂醫館，行醫至 1965 年辭世。[53] 之後其子林煥光和林燦光、弟子鄺元等，於 1969 年在九龍上海街自置會所，成立「龍形體育總會」。[54] 鄺元於 1971 年 12 月自建「龍形鄺元健身會及跌打醫館」，[55] 地址仍在客家人聚居的深水埗。蔡莫派傳人劉仕忠的弟子黃岱、劉遠成和劉標等的活動區域都集中在九龍一帶，尤其是潮汕人集中聚居的九龍城和深水埗。

北派武術方面，因為傳入時間較晚，也沒有如粵東武術的族群網路，較為依賴各大體育會協助傳播。香港精武會的作用，上文已經提及。南華體育會的作用也不能低估。在 1921 年出版的《南華年報》有載：「本會提倡運動，欲以體育之要道，灌輸於國民，故合足球、排球、絨球、籃球、壘球、田徑賽和技擊、游泳遊戲等類。[56] 技擊部最初設於燿華街。迷蹤葉雨亭適逢當時已南下至廣州灣在西營新武堂任教，被邀請南下香港，與學員於華人行練習。[57] 葉雨亭結合迷蹤拳與羅漢拳，成為迷蹤羅漢派。[58] 抗戰結束後，南華會創會主席盧俠父禮聘他為南華會國術部少林班之教練，任職長達三十年，盧俠父之子盧國昌（1926-2016）亦成為他的入室弟子。盧俠父曾於戰前任香港華人特務員警西區主任，葉雨亭亦有緣在港島西區員警宿舍教學。[59] 鷹爪翻子門陳子正的弟子之中，張俊庭在香港精武會任教，劉法孟（1902-1964）在中南體育會授拳。1936 年，劉法孟在荷李活道設館，抗戰勝利後，劉法孟受聘於港九酒樓茶室總工會，擔任國術組北派總教練。[60]

鄺群威 1939 年加入精武會當雜役，開始習少林拳法，後轉投趙竹溪（1900-1991）師父門下習太極螳螂拳。[61] 1944 年，在趙竹溪師父的武館當助教。[62] 1945 年移師澳門，自設武館。[63] 1949 年返

南華體育會少林班週年聯歡大會全體合照（盧國昌先生的女兒盧寶蓮女士提供）

回香港，設館於油麻地上海街，成為第一位到港教授太極螳螂拳的師父。[64] 大聖劈掛門經耿德海多年推廣，戰後已極負盛名，到 1954 年，其徒陳秀中亦設館授徒。[65]

太極拳於清朝道光年間廣泛流傳，迄今二三百年，派系不計其數，除了有來自發源地河南陳家溝的陳氏，其他主要的還有楊氏、吳氏、孫氏等。不同派系間演練方式和風格都不太一樣。當代除了「五虎下江南」中的傅振嵩將太極拳傳來廣州外，還有楊澄甫（1883-1936）、吳鑑泉（1870-1942）、陳微明（1881-1958）等太極名家掀起了太極南來潮，[66] 使嶺海武林形成了內家外家異彩紛呈的新局面。早於抗戰之前，不同風格和門派的太極拳，已開始在香港流傳。當年一場「吳陳之戰」令太極廣為人知。加上太極拳老幼皆宜，

頗得社會上層人士接受。七十年代開始與政府康體署合作開班，更使之在民間廣泛普及。但在戰前，太極師父謀生也並不容易。

1930 年代南來香港的董英傑，在日本侵華時期避禍澳門，在當地成立「董英傑太極健身院」。[67] 戰後董氏重回香港，並與長子董虎嶺（1917-1992）一起重振「董英傑太極健身院」，並研究出一套快拳，稱為「董氏太極快拳」。[68] 1950 年代，董英傑受邀往泰國教拳，後足跡遍佈東南亞各地，他的傳人有黃萱、歐陽南、方伯誠等。1966 年其子董虎嶺設館美國夏威夷，[69] 其女董茉莉掌管香港董英傑健身學院，後於 1988 年創立澳洲董茉莉太極拳武術學院，任院長。[70]

楊澄甫之子楊守中（楊振銘，1910-1985）1949 年攜眷移居香港，最初在元朗教拳，收了第一批徒弟，包括太極名家張世賢、黎學筍、葉大德、鄧煜坤、宋耀文、伍寶釗等，元朗也成為香港楊家太極拳的發祥地。[71] 1953 年楊守中在灣仔駱克道 315 號 4 樓設館授徒。[72] 楊守中為人低調，一直維持小班教學，而且學費高昂，每月動輒不少於六百八十元，但學生中不乏慕名而來的有錢人，例如永隆銀行董事長及一些社會賢達。[73] 普及楊式太極的工作落到另一位傳人梁勁予（1907-2003）的身上。梁勁予，廣東台山人，名從業，號思庵，出身廣東省警官學校。[74] 梁勁予師從楊澄甫的早期弟子陳微明，亦曾得楊澄甫親自指導太極，造詣高深。1938 年，梁勁予遷居澳門，設立環中太極拳社，到 1948 年移居香港，在中環永吉街設醫館，並成立香港環中太極拳社，教導學生無數。[75]

吳氏太極第二代宗師吳鑑泉於 1937 年中日戰爭爆發之時，攜長子吳公儀（1898-1970）離開上海來到香港，於灣仔軒尼詩道創建香港鑑泉太極拳社，當時他亦獲邀到香港南華體育會武術部和精武會教授，[76] 吳式太極自始開枝散葉。1942 年，吳鑑泉逝世，次年香港淪陷，吳公儀於是返回內地，擔任上海鑑泉太極拳社社長，直至

1948 年戰後才重回香港，並於灣仔駱克道 387 號復建香港鑒泉太極拳社。[77] 1954 年一場「吳陳比武」掀起了民眾學習太極拳的風氣。吳公儀的弟子鄭榮光在南華體育會及館內傳授吳氏太極，並在擂台比賽，繼續發揚太極。1957 年，台灣舉行「台港澳國術擂台比賽」，隨叔父鄭榮光學習的鄭天熊（1930-2005），在比賽中擊敗台灣中量級冠軍形意余文通。[78] 1969 年開始，鄭榮光不斷訓練弟子到香港、台灣及東南亞各地舉辦的擂台比賽，先後於 1969 年、1971 年、1973 年、1976 年率眾徒弟前往馬來西亞、新加坡、台灣等地參加國際華人武術擂台邀請賽。[79] 1969 年「中國香港國術總會」成立時，各個武術派別均派代表出戰武術擂台，其中太極拳也在擂台比賽中取得了優異的成績。

1972 年，鄭天熊成立「香港太極學會」，1979 年更名為「香港太極總會」，[80] 此後更加致力研究及推廣健身太極武術，為弘揚國術奠定了組織基礎。1980 年 4 月，鄭天熊代表香港參加了馬來西亞舉辦的第三屆國際華人武術擂台邀請賽，並獲得超重量級冠軍及中量乙級冠軍。[81]

1970 年代，太極拳在偶然機會下普及起來。[82] 當時，鄭榮光的一個弟子冼孟豪在一所小學任教且兼任校務管理，工餘時則在北角健康邨開班，因與康體署人員認識，所以建議開設清晨太極班和太極師資班。1975 年，鄭天熊成立的香港太極學會與香港教育司署康樂體育事務部正式合作，開辦清晨太極班和太極師資班，以收費低廉、不限年齡、廣納學員為宗旨，結果一開班便大受歡迎，初時一班只有三四十學員，後來增至一班六十人，超出六十人的班更設有助教。[83] 授課地點亦由市區不斷向外擴展至離島和新界，太極拳學員數量激增。

大量門派流入香港，各自謀生授武，日子並不易過。當中較有

名望的，會號召同門，建成大型組織。雖說武無第二，偶有紛爭，畢竟能使門派的形象更為鮮明。明顯的例子包括林煥光、林燦光和鄺元於 1969 年在九龍上海街自置會所，成立「龍形體育總會」，1970 年陳秀中成立「大聖披掛門國術總會」；1972 年葉瑞成立「東江周家螳螂總會」，1973 年成立的「白眉國術總會」和 1970 年代劉遠成成立「蔡莫派國術總會」等。這些總會成立之時，正和功夫熱相輔相成。

劉法孟編著《鷹爪一百零八擒拿術》

購買拳譜，自習武功，可能是年過五十的香港男性的集體記憶。從前武術全賴師徒之間的口授相傳，容易失真。據精武陳鐵生記，民國五至八年間，已拍照繪圖，出版「譚腿、達摩劍、五虎槍、合戰、棍譜之五種」。[84] 楊澄甫在民國期間口述《太極拳體用全書》，得其徒鄭曼青（1902-1975）筆錄，1934 年出版，至 1948 年由楊澄甫長子楊守中（1910-1985）修訂再版，對解釋楊氏太極拳的精要和體系極有好處。[85] 習武之人可能知曉，單靠這些「秘笈」習武，形同緣木求魚，但它們於保存武術精義卻大有功用。流風所至，朱愚齋為林世榮圖文並茂記錄洪拳重要套路，並輔以拆門解義。董英傑也於 1948 年出版《太極拳釋義》。之後吳肇鐘的《白鶴派獅子吼拳經》和葉瑞編著的《螳螂拳散手》都有代表性。[86]

師、徒、武館

武館是普遍香港教頭授武營生的場所，兼具醫療和娛樂性質。因為香港人口稠密，城市空間有限，武館一般建於鬧市的住宅樓宇，所謂天台武館更是香港一大特色。在六七十年代香港武館的全盛時期，傳授中國武術的館社達四百一十八間，習武徒眾一萬二千人，[87] 亦有謂達到九萬人，[88] 西式武館則只有十五間。[89] 武館就在普羅大眾的身邊，為大家帶來亦正亦反、非常複雜的經歷和想像。

武館顧名思義是習武之地，教頭和徒兒出入其中，部分教頭和師兄甚至寄居武館。1973 年警方的報告指出傳統中國武館兼有營利、傳承武藝和跌打幾個功能。一般徒兒白天上班，在武館較為清閒的時段，由教頭兼理醫務和跌打。如黃飛鴻的寶芝林就以中醫和跌打聞名，黃飛鴻妾侍莫桂蘭來港，授武之餘亦兼治跌打，白鶴陸智夫的跌打技術也十分有名，其他如蔡莫的劉標和北少林的龍啟明

鬧市中的香港武館：梁錦河國術總會（攝於 2015 年 6 月 2 日）

鬧市中的香港武館：呂柱石國術
體育會（攝於 2015 年 1 月 12 日）

鬧市中的香港武館：黃國昌體育會（攝於 2015 年 6 月 2 日）

鬧市中的香港武館：廣雄體育會
（攝於 2015 年 5 月 30 日）

亦是好例子。有部分教頭則日間另有正職，晚上才授武。例如洪拳周永德是魚販，東江周家螳螂李天來是水警，到工餘才來授武，所以武館是越夜越精彩。香港寸金尺土，要覓得同時容得下二三十人練習，而且租金低廉的場地根本不可能。所以一般武館會租用大廈頂層，並同時利用天台。其次，無論南、北武術，長短兵器套路和拳腳兵器對拆都是重要內容，天台遠比地方淺窄的住所適合練習。

師父授武，為生活也為發揚武術，日出而作的現代人，何苦下班後還拖着疲倦的身體，到簡陋的武館辛苦練武呢？氛圍因素有莫大關係。今天說子承父業也許有點明日黃花，但上兩三代人，以父兄為榜樣終身學藝者眾多。洪拳從林世榮傳侄林祖，林祖傳子林鎮輝、鎮成、鎮忠，林鎮輝再傳子林存孝為一例；劉湛傳子家良、家榮，家良傳外甥家勇，今天劉家良女兒劉萬儀發揚洪拳，又是佳話；趙教傳子志威、志凌，志威傳子國基，三代都是洪拳名家。葉問電影風行以來，詠春葉問的繼承人葉準、葉正更加廣為人知。其他香港著名武者，受父輩薰陶而走進武行的大不乏人。如梁小龍以空手道打出名堂，但年幼時卻被爺爺誘導，先學了北派。[90]龍形名師王國祥，自幼隨父學習少林洪家拳術。[91]詠春雷明輝師父，父親為太極楊守中的弟子，耳濡目染之下也開始習武。[92]

另外，種種運動之中，傳統武術強身健體的功能，還是有人肯定的。傅式八卦門的趙培魯，就明言當日拜師學藝，是希望能治癒糾纏已久的精神衰弱症，[93]最後亦如願以償。太極梅花螳螂的危鳳池，也是因體弱多病，才學起拳來。當然，如財政司司長曾俊華在網誌謂：「上世紀六十年代的香港，治安欠佳，社會動盪，物質匱乏，娛樂不多，不少年輕人，特別是基層青年都會到武館學功夫，望有一招半式傍身，亦為強身健體，增加搵工的機會。我到今天都清楚記得當年天台武館的盛況，每日黃昏開始，各家武館的師兄弟

就會排列整齊，練習拳腳兵器套路，舞龍舞獅，配合鑼聲鼓聲，的確是昔日老香港的一道獨有風景。」[94]

　　武館的師徒情誼，經各種媒體和大眾口耳相傳，早已深入民心。事實上，師徒朝夕相處，彼此關係自然緊密。不過，能否得師父真傳，也視乎很多不同因素。梁紹鴻憶述他早年隨葉問學拳的經驗，頗堪玩味。他說到 1955 年隨李小龍跟葉問學藝，一直相當積極，但每次到拳館，都只和三數師兄弟鍛煉，葉問只坐着「抽煙看報」。遇有疑問向他請教，就會被囑咐自行練習。到有自己看法，求葉問指正，就會得到：「唔錯！幾好！」的答案。[95] 但到 1958 年 9 月，葉問願意收他為入室弟子，行過三跪九叩拜師儀式後，葉問對他的態度有很大的改變，將自己修為傾囊以授。[96] 有師父堅持擇才而教，也有師父固執道德原則，所謂「三教三不教」——「孝悌忠信者教，有剛柔者教，有機謀靈通者教；賊盜者不教，愚魯者不教，無義氣者不教」。但是儘管是鐵一般的漢子，有時也不得不利字當頭。當然，收足學費後，有市井教頭仍是敷衍了事。不過，今天仍然留有美名的，相信都是德藝雙全者，這裏不用一一道來。

　　得名師授業的，甚至以武館為家。從先輩聽說，當時做徒弟的，每日下班，就輪流負責買菜，然後到武館煮晚飯，晚飯後就一起鍛煉，直至午夜前才散去。週末週日，遇有慶典，就會出獅表演，否則就會幫助師父收拾清潔武館。也因為武館地方有限，若有兩人在大廳對拆時，大夥兒只得倚牆而立，觀摩學習。所以那一代的習武之人，都學得仔細，造詣高者亦眾。因為這種練習的方式，所謂「吃夜粥」的傳統，在香港有了新的轉化。據說，昔日廣東一帶的武館，在教場旁邊建有火爐，作煲粥之用，每晚大夥兒練習完畢就圍着吃粥，所以廣東人說「吃過夜粥」，也就是練過功夫之意。[97] 香港武館地方狹小，容不下一眾師徒吃宵夜，有說知道門路

的小販，特別喜歡在每夜十點之後，在武館林立的地區，以手推車售賣粥品。練了整夜功夫的人，吃碗容易消化的粥，既可充飢，亦不會影響睡眠。附近食肆有見於此，亦仿效提供宵夜粥品，「食夜粥」的傳統，得以變種後繼續存在。

當時一間武館徒眾不過三數十人，徒兒亦多數來自低下階層，繳付的學費有限，縱有跌打中醫收入幫補，除去各項支出之後實所餘無幾。所謂出獅和花炮會，成為了武館的重要收入。估計在 1975 年，全港有二百五十一隊獅隊和二十三隊麒麟隊。[98] 他們出席節慶、婚禮和店舖開幕儀式，賺取額外收入。但這些活動，有時會涉及勒索，惹人詬病。[99]

張國華國術總會置於武館牌匾之上的「長紅」（攝於 2015 年 6 月 2 日）

梁錦河國術總會置於武館牌匾之上的「長紅」（攝於 2015 年 6 月 2 日）

張國華國術總會獅隊道具及武術用具之一
（攝於 2015 年 6 月 2 日）

張國華國術總會獅隊道具及武術用具之二
（攝於 2015 年 6 月 2 日）

張國華國術總會獅隊道具及武術用具之三
（攝於 2015 年 6 月 2 日）

張國華國術總會獅隊道具及武術用具之四
（攝於 2015 年 6 月 2 日）

習武之人，為師者視武館為傳道授業之所，亦為個人營生事業場地；為徒者於此與師兄弟切磋砥礪，甚至共歷風雨。當中之文化、俗趣和現實利益，非外人所能領略。但不諳武術，或以斯文自況者，卻對武館多少會敬而遠之。畢竟武功可以傷人，聞之令人色變。長久以來武館人仕和各式地方、政治和社會武力鬥爭亦有千絲萬縷的關係。以上提及的明清團練和天地會，以至清末的革命活動，雖不乏雄心壯志之人參加，但三教九流、亡命之徒亦夾雜其中。到了近代，社學和團練逐漸式微，武人設館授徒者眾，連帶部分舊社會的陋習亦注入其中。

《香港工商日報》（1935 年 8 月 4 日）

民國時期，林立於新市鎮的武館甚至介入不同的經濟鬥爭和政治活動。報導所見，廣州的武館之間，可能因為「武無第二」，也可能因為弟子交惡，更可能因為經濟收益而爆發械鬥。[100] 另外，武館為增加收入，教頭以至徒兒，唯有兼營「偏門」行業。例如為商人所聘管制工人，[101] 仗憑武藝介入行業糾紛等。[102] 遇上大型社會和

政治鬥爭，武館中人甚至充任臨時打手。[103] 為此廣州政府管制武館之聲時有聽聞，[104] 到 1951 年更被新政府取締。[105]

戰後，大江南北武術名家湧入香港，即使有機緣設館授徒，但高昂租金抵消收入，生活不易。除了靠出獅和花炮增添收入外，部分師父也迫不得已遊走於黑白二道之間。所以武館介入黑社會活動，聚眾鬥毆之報導時有所聞，「爛仔館」的稱號不脛而走。

在六七十年代的香港，因為武館而引發的糾紛和衝突時有所聞。所謂「踢館」，武林中人當然常有傳說。柔功門的夏國璋說到：「隔幾晚便會有閒人走上來，說你的功夫不是功夫，有時一晚就有兩三次，做師父的就要跟他們比試一下。」[106] 大聖劈掛門李飛標卻有另一種說法。做師父的要「搵食」，遇「踢館」者，打輸自然徒弟星散，無法立足，但打勝亦會結怨，麻煩不斷上門。一般情況，都避免廣結仇家，但如避無可避，一般會派能征慣戰的大弟子上場，若然大弟子打倒來犯者，就會斥責弟子無禮，再為來者奉茶。師父迫不得已上場，即使勝算在握，亦會手下留情，讓大家好來好往。事實上，來「踢館」者亦有風險。假若本身是有頭有臉的名師，無功而還自然大失面子。有昔日任職反黑的警員提到，並非每館的人都信守武林規矩，假若三數人登門踢館，即使得到甜頭，亦可能陷入重重包圍，難以脫身。所以，單從報章的報導，常見的反而是「廿餘人持鐵尺西瓜刀／飛奔群襲武館／刀光劍影混戰中師徒八人受傷」、[107]「茶果嶺武館門前發生血案 師徒五人被斬傷 兇徒為外來飛仔」。[108] 新聞所述大群持械「飛仔」襲擊武館，[109] 是因為「踢館」還是其他原因結怨就不得而知了。

獅隊和花炮是武館的重要收入來源，武館為分一杯羹，因此結怨自可想見，如果夾雜意氣，隨時上演全武行。當時常有報導，不同武館的獅隊狹路相逢，互不相讓，結果時而口角，時而動武。[110]

包括六名學生 舉行黑社會入會儀式

十二男女正擬歃血 探員掩至一網成擒

戶主稱該處是武館 大批武器亦被檢走

《大公報》(1985 年 5 月 27 日)

方調成落案。

搗亂武館傷人 少年認罪候判

《華僑日報》(1972 年 9 月 15 日)

《大公報》（1970 年 1 月 15 日）

《大公報》（1975 年 7 月 31 日）

一武舘遭飛仔踢盤

（特訊）油蔴地訊

無其他任何註銷印；）

（四）將不採用此方法處理掛號郵件。

《華僑日報》（1970年1月15日）

長洲又有武館鬥殿事件

數十武師舞麒麟

前昨連接打大交

碼頭時各不讓路起事一人重傷

【本報訊】分別隸屬兩個武館的人，前昨兩天在長洲發生兩次衝突，數十武師曾捲入，一九傷，並送出港島救治。

《大公報》（1970年5月9日）

爭先參拜天后起衝突
武舘獅隊 險釀打鬥

【本報訊】如果天后娘娘有知，昨日她的誕辰應不會感到高興，因為先後有三宗打架事件，是因爭先為朝拜她而引起的。

昨日下午一時許，有山天后順人頭湧湧，很多善男信女，武舘堂口均前往朝拜。

一隊港島筲箕灣水上人家堂口共四五十人，坐着十多艘漁船亦抵有山。他們抵步，均上岸拜神，不久，怎有一名小童跌傷哭哭啼啼，跟傳被岸上人毆打，於是羣情洶湧，要找打人着，怒料未找到，有的一人與現場維持秩序的一

《工商日報》（1976 年 4 月 23 日）

本報特稿
武舘為罪惡溫床
當局擬立例管制
國術界人士認為應廣徵民意

一項管制本港武術學校的法例，正在加緊草擬中，預期最近期內可望正式公佈。

市政司署一發言人昨日表示，這項管制法例，一方面能夠令到武術學校的開辦更有秩序，另方面，這種傳統民間活動亦不致被一些別具野心人士利用作招攬黨羽之用。

《工商日報》（1977 年 4 月 17 日）

當然，最為大眾非議的，自然是武館和黑社會的糾結。根據1974年警方的報導，香港武館和三合會有關的佔三分之一。參與的活動如舞獅隊強索金錢、私藏攻擊性武器等。[111] 即使沒有積極參與黑社會活動，武館有時亦成為三山五嶽人士的聚腳之地。[112] 較極端者，警方曾破獲以武館為名的毒窟，[113] 以及揭發有人於武館舉行黑社會入會儀式。[114] 普通市民聞此，怎不對武館心生成見呢？於是，1973年左右，政府有見新加坡現管制有成效，亦謀重新規定武館經營的形式。經多年反覆諮詢討論，在1980年代完成立法，但尚未嚴格執行，武館已走下坡。

從吳、陳比武到國術擂台

武術在現代社會之用，在強身，在自衛。但苦練十年，如果不實戰又如何瞭解個人修為境界呢？法治之地，身懷絕技之人，也會嘆無所用武。傳說的天台講手，留下不少美談，另一個顯示個人和門派實力的英雄地就是擂台。武俠小說中的方世玉擂台打死雷老虎，口授相傳的霍元甲、馬永貞打敗洋人的故事，令人聽得渾身火熱。戰後香港法例禁止私鬥，擂台大戰只在一個偶然機會引起熱潮。

1953年的吳陳比武，盛況空前，之後便為人淡忘。1980年，鳳鳴影業公司拍攝電影《飛鶴》，請來比武主角陳克夫演出，並將比武的短片加載其中，引起一些討論。到YouTube時代降臨，比武短片容大家一看再看，那一代的武林在全新的時代受到重估。但在那個年頭，一場南北武者之戰，影響卻是巨大的。

吳公儀（1898-1970）與陳克夫（1918-2013）在五十年代均是享負盛名的武術大師，兩人的一場大戰，起因還只不過是「武無第二」四個字。吳公儀是吳家太極拳宗師吳鑑泉長子，吳氏太極拳第

三代傳人。[115] 1948 年吳公儀回到香港掌管鑒泉太極拳社之前，歷任山東省長屈映光的「武術總教練」、張宗昌陣營的「搏擊隊總教官」、上海「精武體育會」教習、黃埔軍校校長蔣中正所聘學生部及高級班太極拳教官等，[116] 聲名極響。

陳克夫出生於澳洲，幼年歸國，先後就讀廣州培正分校及廣州體育專門學校，跟隨老師鄭本夫學習白鶴拳，兼擅西洋拳術。[117] 抗戰時期任職於香港國民大學，擔任體育拳術教師，1952 年在澳門創立泰山健身學院。[118] 1953 年秋，《中聲晚報》記者林夢訪問吳氏太極拳宗師吳公儀，之後發表了一篇推崇太極拳的文章，其中有「我自北方走到南方，未逢敵手」，[119] 以及「太極拳的掌門人吳公儀，歡迎與武林人士切磋」等語。[120] 一些武林人士聞之，紛紛摩拳擦掌，表示想與吳公儀較量。其後吳公儀雖登報解釋自己並無說過「想與人切磋」之語，但事情已一發不可收拾。陳克夫私下所說「你由北至南未逢敵手，我由南至北也未逢敵手」[121] 也被人在報上披露，引起了太極派一方的回應。雙方各執一詞，互不相讓。

當時港澳名人何賢（前澳門特區政府行政長官何厚鏵之父）和梁昌聽聞此事，乘勢拉攏兩人公開較量，並以比賽收益賑濟香港石硤尾徙置區火災災民。因香港法例不容，打算移師澳門舉行。於是何、梁二人先在澳門康樂部與余浩然（澳門泰山健身院同學會會長）、陳克夫商議比武事宜，余、陳二人欣然答應。[122] 之後雙方派代表簽立生死狀，事情快速升溫。連澳督也約見何賢，要求取消比武，但何賢以慈善和經濟理由將他說服，更率先捐出三萬元澳幣以表決心，[123] 並嚴定比武規則，如不得起高腿、不得抱摔等。最後決定於 1954 年 1 月 17 日在澳門新花園泳池架設擂台比武。消息傳來，港澳以至整個東南亞的華人社會為之哄動。新花園泳池搭建了一個可以容納一萬多觀眾的擂台，門票迅速被搶購一空，黃牛黨乘機

炒賣圖利。十元票價的門券被炒至一百元，二十元的則炒至二百元。**124**

　　比賽當天，與會觀戰民眾達兩萬餘人。下午二時左右，澳門總督史伯泰夫婦到場。觀戰者除商界名流，還有著名藝員方艷芬、鄧碧雲、馬師曾、紅線女等。武術界有楊式太極拳家董英傑、鷹爪拳家劉法孟、西洋拳家李劍琴等。大會由港督夫人主持剪綵。總裁判為何賢，評判員包括梁昌、梁國榮、彥光、劉法孟、李劍琴、董英傑等。今天比武前後的故事已經不難找到，反而下面的記述反照到處可見的視頻更為有趣。當時的解說員梁送風回憶吳陳二人對打過程：

　　　　時間一到，大會便宣佈比武開始，比武台之上，立即出現了兩名雄赳赳的武夫，只見吳公儀身穿長衫，中國典型掌門人打扮，年紀五十過外，精神奕奕，而陳克夫則披着西洋拳師的長袍，年齡看來三十多，正年青力壯，二人握手為禮後立即展開拳腳交手，如猛虎出柙，陳克夫是白鶴派高手，當然使出本門絕招「連環手」，左右拳交替，步步逼着對方，在此形勢之下，吳公儀以退為進，一步步退至場地邊緣時，因腰間碰着邊欄，鐘聲一響，算做第一個回合。當停下來休息時，吳公儀的公子在台下遞毛巾給老父抹汗，發覺口角有絲血跡，登時怒火中燒，鬚髮直豎，看來一定以牙還牙，這回真正打出火了，我緊張到幾乎碰跌「咪」，意識到第二回合將會有屬害刺激的還擊。

　　　　鐘聲一響，第二回合又繼續開始，一進場，吳公儀搶着主動，出手非常快捷我口述也跟不上，說時遲，那時快，話口未完，吳師父一拳擊中陳師父的鼻樑，而陳的拳頭似乎也觸到吳的胸部，是否正確，要看影片才清楚（那時期還未有錄影帶），

但已見陳克夫鼻孔流血，滲出滴滴鮮血染紅了下巴和胸前的線衫，聞說這一招是太極拳的「搬攔槌」。這時比武達到拚過你死我活，雙方竟然起飛腳，違反了賽例，第二回合還有一分鐘才結束，而比武台下雙方徒眾及擁蘆充滿火藥味，大有一觸即「爆」之勢。在此情勢下，總裁判何賢不愧為「當代魯仲連」（好作和事老的人），有當機立斷之能，馬上緊急敲鐘，宣佈第二回合停止，並立即召開裁判會議……[125]

《新中華畫報》所附有關 1954 年吳、陳比武的專刊封面（許日彤先生提供）

《新中華畫報》所附有關 1954 年吳、陳比武的專刊內頁（許日彤先生提供）

　　這場短短兩個回合，共計兩分四十秒的比武，最終被大會主裁判何賢判為不勝、不和、不負，可算是皆大歡喜的結局，[126] 而且收益達到二十七萬元。[127]

有說這場比武開啟了香港新武俠小說的風氣，造就金庸和梁羽生一批作家。梁羽生 1951 年開始任《新晚報》副刊「天方夜譚」編輯，查良鏞（金庸）則是《新晚報》副刊「下午茶座」的編輯，兩人為同事。[128] 當時的《新晚報》總編輯羅孚看到市民對比武如此癡迷，便想趁此機會在報上搞個武俠小說連載，於是找來梁羽生來以此次比武為藍本寫一篇武俠小說。[129] 更隨即在 1 月 19 日的《新晚報》上刊登武俠小說預告，說 1 月 20 日小說面世。[130] 梁羽生倉促寫成的《龍虎鬥京華》居然大受歡迎。一年後，查良鏞也以筆名「金庸」執筆，寫了《書劍恩仇錄》，也在《新晚報》上連載，[131] 武俠之風越吹越烈。六十年代，李化與邵柏年創辦峨嵋影片公司，連續改編製作金庸撰寫的《射雕英雄傳》等優秀作品為武俠電影。那場短短幾分鐘的吳陳之戰，間接讓五六十年代的武俠文化風生水起。

其次，這場比武引發了港澳乃至海外華人的練武熱潮，吳陳兩位大師也各自開館授徒，不僅使得太極拳風靡一時，也使得白鶴派從此聲威壯大。[132] 緊接着日後又有一場不公開的倪黃講手，由白鶴派三傳弟子、陳克夫的師侄倪沃棠與人稱「講手王」的詠春拳師黃樑秘密比武，成為另一件轟動武林的軼事。[133]

然而，當日兩人的表現，也不盡令人滿意。吳公儀和陳克夫均為一派名師，傳說功夫深厚，所向無敵，但到雙方交手，卻少見平時所練的各種招式、功力和理論，[134] 反映了傳統武術因失去了實踐的機會而淪為表面功夫。但礙於現實條件，問題不能一時改正。到 1970 年代，香港的國術擂台興起，本應是中國武術發展的新機會，但事實顯示，這些比賽暴露出中國武術的一些更深層次的問題。

之後好一段日子，擂台賽還是沒辦法在香港合法進行，躍躍欲試的香港武林人物只能參加在台灣和東南亞舉行的賽事。至 1971 年，「香港節」期間旺角球場進行了香港第一場公開而合法的擂台

1980 年 3 月 20 日,《華僑日報》刊登了由陳克夫擔綱演出的武俠電影《飛鶴》的廣告。

比賽。這種帶頭盔、穿護甲,在三呎高的無繩擂台上作賽的「國術擂台」維持了差不多十年,到泰式擂台興起後才漸漸式微。[135] 當時踏上擂台的大多是年輕力壯、戰意高昂的國術精英,但他們畢竟並非職業拳手,表現和大眾想像的或有差距。頭盔、護甲和無繩擂台更被批評有礙選手發揮。關於無繩擂台,在國術擂台以至後來的泰式擂台都有出色表現的洗林沃相信能夠讓拳手在適當的時候回氣,而且在危險關頭免受嚴重傷害。[136] 但他也認為頭盔護甲雖可保護拳手,卻遮蔽了他們的視線,也讓國術的擒拿摔鎖功夫無用武之地。事實上,頭盔護甲也不能完全免拳手於傷害,在 1979 年 9 月 30 日的一場賽事,十七歲的白眉拳手陳明德就被西藏喇嘛拳手林崇正踢中咽喉斃命。[137]

縱觀而言,國術擂台還是提拔了一批好手,如郭華強(迷蹤羅漢)、梁海平(蔡李佛)和趙卓明(蔡李佛)等。就如批評國術擂台的一些專家所言,國術拳手沒達到更高的水準,其中一個原因是沒有得到擂台所需的針對性訓練。[138] 上述拳手在 1980 年代接受泰式訓練後,戰績和技術都更上一層樓。

1973-74 年香港國術拳手兩次征泰無功，進一步顯示香港拳壇一直以來的訓練和競賽方式，還不足以培養出可與國際一級拳手對抗的人才。今天我們在網路上輸入「1974 年香港國術拳手征泰」一組字眼，都可以得到近似以下的報導：

　　　　首先一戰，1973 年 12 月 21 日，香港拳手瞿光、廓漢傑在俞披尼出戰泰拳。瞿光大耍銀幕身手，龍騰虎躍，博得滿場喝彩，一經交手不及分餘鐘，被瑪納勒飛腿踢中太陽穴，倒地不起。……廓漢傑不堪一擊，半局內，被碰詩里踢倒，不省人事。

　　從當時部分的媒體報導，也反映出香港拳手鎩羽而歸的一些原因。港將吃過第一次苦頭，第二次赴泰之前，當時的香港中國國術總會主席陳漢忠臨別贈言，指出港泰雙方實力有明顯的距離，就算香港拳手不帶拳套，也討不到多少便宜。[139] 較早的報導則謂有人在賽事渾水摸魚，中飽私囊，所以第二次赴泰的港將，連機票、住宿和使費，每人只得二千港元，致令士氣低落。[140]

　　港將在擂台上的表現不符大眾期望，但在當時一片李小龍和功夫熱潮中，事情不久便淡化了。而武術中人也不至於固步自封，綜觀七十年代的功夫刊物，已經較多談論不同國家武術的內涵和訓練方法。以著名的《新武俠》為例，1977 年起，有廣泛介紹新興的美式空手道比賽。1977 年美將征泰敗績，《新武俠》報導：「證明了泰國拳仍稱霸武林」。[141] 1981 年的另一個報導〈美空手道征泰又兩戰兩敗〉，有謂：「泰拳為全面性的優秀拳技，外國名手看來仍有一段時間才能與泰拳手較量」。[142] 同時也有文章批評當時的中國武術訓練，已經失去搏擊的內涵。[143] 但討論歸討論，在八十年代，泰式擂台大舉入侵之後，香港武術才有進一步的革新。

Kungfu men 'face defeat'

2 1 JAN. 1974 C.M

HONGKONG's kung-fu fighters got an unexpected jab in the ribs today over their planned contest with Thai boxers in Bangkok.

Kungfu isn't the only popular martial arts sport in Hongkong — Chinese boxing, akin to Thai boxing, is also a popular pastime.

And a senior Chinese boxing official has light-heartedly poured scorn on any chance of kungfu overcoming their particular brand of boxing, saying: "The kungfu guys just don't stand a chance.

"Thai and Chinese boxing are much superior forms of martial skills," said the Chairman of the Hongkong Chinese Boxing Association Chan Hon-chung.

Wear gloves

He said of the arranged contest: "If these people seriously intend to match Thai boxers against kungfu contestants then I believe the kungfu fighters will come out of it worse despite the fact that the Thais wear gloves and the kungfu men do not."

He said of a report that the contestants had agreed to sign a disclaimer of any responsibility to their opponent in the event of death: "I simply do not believe this. It sounds to me very much a publicity stunt, designed to drum up interest in this contest."

報導香港武術界人士出席擂台比賽的英文報刊之一

Martial arts face curbs

17 MAR 1974 H.K.S

FULLSCALE control of Hongkong's mushrooming martial arts schools, including the registration of instructors and trainees, will soon come into effect, the Standard learned yesterday.

The new controls are expected to force hundreds of these schools to close when they come into force.

The green light for legislation and stiffer control over the activities of these schools comes almost a year after community leaders and legitimate martial arts experts voiced their concern over the craze to learn unarmed combat in Hongkong.

It is learnt that a detailed report on the activities of martial arts schools and methods of supervision — has been compiled by the police and will be placed before the Governor, Sir Murray MacLehose, for approval.

It is also learned that the police are studying recent legislation on martial arts teaching in Singapore.

報導香港武術界人士出席擂台比賽的英文報刊之二

註釋

1　我是山人，《佛山贊先生》上冊（香港：陳湘記書局，1952），頁 1。

2　《香港武林》，頁 38。

3　同上，頁 79-80。

4　Lam Chun Fai, *Hung Kuen Fundamentals: Gung Gee Fok Fu Kuen* (Hong Kong: International Guoshu Association, 2014), p. 40.

5　《香港武林》，頁 82。

6　同上，頁 84-85。

7　同上，頁 86。

8　同上，頁 99。

9　同上，頁 87。

10　同上，頁 136-137。

11　《香港武林名師集》，頁 100。

12　〈我係黃飛鴻契仔〉，見 YouTube 網站 https://www.youtube.com/watch?v=TSF5e6PlWcA，〔瀏覽日期，2015 年 3 月 28 日〕。

13　《香港武林名師集》，頁 98。

14　《香港武林》，頁 156。

15　同上，頁 161。

16　同上，頁 163。

17　張勇，《正宗佛山詠春拳》（香港：星島出版，2013），第一章四至六節。

18　葉準、盧德安、彭耀鈞，《葉問•詠春》（香港：匯智出版有限公司，2008），頁 176。

19　同上。

20　同上。

21　同上，頁 177。

22　關捷，〈葉問為何說李小龍短命〉，載於《廉政瞭望》第 8 期（2014 年），頁 75。

23　葉準、盧德安、彭耀鈞，《葉問•詠春 2》（香港：匯智出版有限公司，2010），頁 192。

24　《葉問•詠春》，頁 178。

25　〈History and Development〉，載於詠春體育會網站 http://www.vingtsun.org.hk/，〔瀏覽日期，2022 年 2 月 13 日〕。

26　《葉問•詠春 2》，上篇，第四、十一、十二章。

27 《香港武林》，頁 241。

28 同上，頁 243。

29 《香港武林名師集》，頁 112。

30 《香港武林》，頁 232。

31 已易名「蔡李佛黃志遠國術會」，仍奉李冠雄為先師，見蔡李佛黃志遠國術會 http://choylayfut-hk.com/koonhung/koon_main.htm，〔瀏覽日期，2022 年 2 月 13 日〕。

32 李冠雄與香港中文大學新亞書院新亞國術會的淵源，見〈訃告——新亞國術會前武術教練李冠雄辭世〉，載於《新亞生活》24 卷 2 期（1996 年），頁 14。

33 《香港武林》，頁 249。

34 《香港武林名師集》，頁 111。

35 〈傳統國術門派簡介〉，載於《香港中國國術總會成立三十五周年第十五屆職員就職典禮》（香港：香港中國國術總會，2004）。頁 32。

36 《香港武林》，頁 263。

37 同上，頁 271。

38 同上。

39 江志強，〈鶴拳——李剛師父〉，見《頭條日報》網站 http://news.stheadline.com/dailynews/headline_news_detail_columnist.asp?id=214012&section_name=wtt&kw=137，〔瀏覽日期，2015 年 3 月 6 日〕。

40 《香港武林》，頁 304。

41 同上。

42 〈鶴拳——李剛師父〉，見《頭條日報》網站 http://news.stheadline.com/dailynews/headline_news_detail_columnist.asp?id=214012&section_name=wtt&kw=137，〔瀏覽日期，2015 年 3 月 4 日〕。

43 《香港武林》，頁 360。

44 同上。

45 《香港武林名師集》，頁 112。

46 香港東江周家螳螂李天來拳術會網站 http://www.southernmantis-litinloi.hk/，〔瀏覽日期，2022 年 2 月 13 日〕。

47 同上。

48 《全球白眉總會 2005-2007 第十屆職員就職典禮特刊》（香港：全球白眉總會，2005），頁 5。

49 《香港武林》，頁 375。

50 《香港武林名師集》，頁 113。

51 〈總會介紹〉，載於全球白眉武術總會網站 http://www.pakmei.org/?page_id=90，〔瀏覽日期，2022 年 2 月 13 日〕。

52 《龍形體育總會四十周年紀念特刊》（香港：龍形體育總會有限公司，2009），頁 18。

53 同上。

54 《香港武林名師集》，頁 114。

55 同上。

56 轉引自郭少棠，《健民百年：南華體育會 100 周年會慶》（香港：南華體育會，2010），頁 29。

57 同上，頁 154。

58 亦有說葉雨亭親傳弟子洪潤源及馬志堅，曾申明葉雨亭所授為迷蹤派武術，當中有羅漢拳套路，迷蹤羅漢門之名稱是誤用及誤傳，見〈滄州迷蹤派〉，Intellects Culture of Hong Kong China – Wushu 網站 http://www.intellects.org/forum/article.php?doc_id=659，〔瀏覽日期，2022 年 3 月 7 日〕。

59 以上關於盧俠父和盧國昌的資料，由盧國昌子女盧鵬飛和盧寶蓮提供，謹此致謝。

60 《香港武林》，頁 494。

61 《香港武林名師集》，頁 114。

62 同上。

63 同上。

64 同上。

65 《香港武林》，頁 528。

66 《嶺海武林》，頁 108。

67 《香港武林名師集》，頁 103。

68 同上。

69 同上，頁 114。

70 〈董茉莉〉，載於太極拳承傳網網站 http://www.taijiren.cn/details/11661.html，〔瀏覽日期，2022 年 2 月 13 日〕。

71 〈太極源流〉，載於香港楊氏太極拳總會網站 http://www.yangstaiji.org/story.html，〔瀏覽日期，2022 年 2 月 13 日〕。

72 同上。

73 《香港武林》，頁 549。

74 〈名家小傳〉，載於環中太極拳社網站 https://www.wanchungtaichi.net/page6.htm，〔瀏覽日期，2022 年 2 月 13 日〕。

75 同上。

76 《香港武林》，頁 556。

77 同上，頁 556-557。

78 同上，頁 558。

79 〈宗師——鄭天熊〉，載於香港太極總會網站 http://www.hktaichi.net/nd.jsp?id=49#_np=2_311，〔瀏覽日期，2022 年 2 月 13 日〕。

80 同上。

81 同上。

82 《香港武林》，頁 559。

83 同上，頁 559，561。

84 〈出版紀略〉，《精武本紀》，頁 89；《民國國術期刊文獻集成》，卷 1，頁 113。

85 楊澄甫等，《太極拳體用全書（原版二種）》（台北：心一堂，2020），頁 2。

86 《香港武林名師集》，頁 112。

87 同上。

88 "Martial Arts Clubs and Schools", Hong Kong Public Records Office, HKRS-890-2-83.

89 《華僑日報》，1973 年 4 月 17 日。

90 阿尼，《武者》（香港：次文化堂，2011），頁 19。

91 同上，頁 118。

92 同上，頁 169。

93 趙培魯，《武當傅式八卦門武術精要》（香港：傅式八卦門，2019），頁 16。

94 曾俊華，〈巨匠〉，載於雅虎新聞網站 https://hk.news.yahoo.com/blogs/talkwithfs/%E5%B7%A8%E5%8C%A0-015532590.html?guccounter=1&guce_referrer=aHR0cHM6Ly93d3cuZ29vZ2xlLmNvbS8&guce_referrer_sig=AQAAAFPYbbFPeS83FrJSJTJiDRwq6j0YjCwOpHQIEsaHuumBa_M9mro10VYg7SCXXD0ilZ665qeV_RvPVg3UKO1GhcQXfdxe6bmW254QHby7Or6xoYa3kEETPn8OsDZSBc7-tosIwzrOZLWLXx1r2YJ3DLzckfltTZYnF6Fb2ky6KzM4，〔瀏覽日期，2022 年 2 月 13 日〕。

95 梁紹鴻，《詠春 60 年》（北京：人民文學出版社，2018），頁 15。

96 同上，頁 19-20。

97 《黃飛鴻傳略》，頁 77。

98 "Martial Arts Clubs and Schools", Hong Kong Public Records Office, HKRS-908-1-38.

99 　同上。關於花炮會的儀式、內容和參與團體，見〈天后誕辰 千人舞龍抽花炮〉，載於《明報》網站 https://today.line.me/hk/v2/article/nEYyj1，〔瀏覽日期，2022 年 5 月 25 日〕。

100 《香港華字日報》，1937 年 4 月 18 日；《天光報》，1937 年 7 月 24 日；《香港工商日報》，1949 年 8 月 27 日。

101 《香港工商日報》，1927 年 3 月 17 日。

102 《香港工商日報》，1935 年 8 月 4 日。

103 《天光報》，1936 年 1 月 15 日。

104 《香港華字日報》，1928 年 6 月 11 日；《香港華字日報》，1936 年 10 月 3 日。

105 《華僑日報》，1951 年 9 月 27 日。

106 〈蛻變中的武館文化〉，載於《大學線》網站 https://ubeat.com.cuhk.edu.hk/ubeat_past/990531/31kungfu.htm%20，〔瀏覽日期，2022 年 2 月 13 日〕。

107 《大公報》，1970 年 1 月 15 日。

108 《大公報》，1975 年 7 月 31 日。

109 《華僑日報》，1972 年 9 月 15 日；《大公報》，1970 年 1 月 15 日。

110 《香港工商日報》，1976 年 4 月 23 日；《大公報》，1970 年 5 月 9 日。

111 "Martial Arts Clubs and Schools", Hong Kong Public Records Office, HKRS-890-2-83.

112 同上。

113 《香港工商日報》，1978 年 7 月 9 日。

114 《大公報》，1985 年 5 月 27 日。

115 林嘉敏，〈台上三分鐘 流芳六十載〉，載於《澳門雜誌》網站，〔瀏覽日期，2015 年 2 月 3 日〕。可惜原文已經下架。

116 同上。

117 〈吳公儀與陳克夫〉，《工商日報》，1954 年 1 月 18。

118 〈台上三分鐘 流芳六十載〉，載於《澳門雜誌》網站，〔瀏覽日期，2015 年 2 月 3 日〕。

119 《香港武林》，頁 557。

120 《嶺海武林》，頁 111。

121 《香港武林》，頁 557。

122 同上，頁 567。

123 同上，頁 566。

124 〈陳克夫親述 48 年前轟動武林的吳陳之戰〉，載於隨意窩網站 https://blog.xuite.net/mydognanailu/TwoFishesTCC/100205130，〔瀏覽日期，2022 年 2 月 13 日〕。

125 梁送風，〈吳陳比武話當年〉，載於梁送風播音網站 https://radiostory.tripod.com/ newspaper11.htm，〔瀏覽日期，2015 年 2 月 4 日〕。

126 《香港武林》，頁 568。

127 同上，頁 570。

128 〈梁羽生〉，載於百度百科網站 http://baike.baidu.com/view/3432.htm，〔瀏覽日期， 2015 年 2 月 3 日〕。

129 《香港武林》，頁 569。

130 〈報紙——新派武俠小說誕生的搖籃：兼論新派武俠小說鼻祖梁羽生的報刊生涯〉， 頁 61。

131 〈吳陳比武 影響深遠〉，載於《澳門日報》網站（2014 年 1 月 13 日）https://www. cyberctm.com/zh_TW/news/detail/529008#.Ygi-g99BxD8，〔瀏覽日期，2022 年 2 月 13 日〕。

132 《香港武林》，頁 569。

133 同上。

134 《嶺海武林》，頁 112。

135 〈黑帶論壇——香港拳壇回憶：從國術到泰拳〉，載於《頭條日報》網站（2011 年 7 月 29）https://hd.stheadline.com/news/columns/137/20110729/155395/%E5%B0%88%E6% AC%84-%E9%BB%91%E5%B8%B6%E8%AB%96%E5%A3%87-%E9%A6%99%E6%B 8%AF%E6%8B%B3%E5%A3%87%E5%9B%9E%E6%86%B6-%E5%BE%9E%E5%9C %8B%E8%A1%93%E5%88%B0%E6%B3%B0%E6%8B%B3，〔瀏覽日期，2015 年 4 月 1 日〕。

136 〈東西南北 - 第 11 集 - 冼林沃 - 本地泰拳發展的前半生〉，載於 YouTube 網站 https:// www.youtube.com/watch?v=okRiY6ESV1s，〔瀏覽日期，待補〕。

137 〈拳手正中封喉腳斃命 死者為白眉派陳明德〉，《明報》，1979 年 10 月 1 日。

138 黃煜珍，〈華人播台的今日明日〉，載於《新武俠》第 243 期（1980 年），頁 52-53。

139 "Kung Fu Men face defeat"，*South China Morning Post*, 21 Jan, 1974.

140 South China Morning Post, 19 Jan, 1974.

141 〈美國空手道冠軍征泰復仇〉，《新武俠》第 206 期（1977 年），頁 8-13。

142 〈美空手道征泰又兩戰兩敗〉，《新武俠》第 245 期（1981 年），頁 22-23。

143 〈武術根果皆在技擊〉，《新武俠》第 245 期（1981 年），頁 41。

03

武術散草

嶺南奇俠傳

朱愚

文字、聲音和影像中的

武術世界

習武和以武為生者，在現代社會始終是少數。然而，現代人對外界的認知，頗大程度依賴文字媒體。戰後香港曾經出現大量武俠小說，而這些小說又成為廣播劇和後來電影的藍本。香港的功夫電影，在 1970 年代盛極一時，後來雖然被其他類型的動作電影取代，但至今仍然是香港電影的標誌，更一直有助中國武術在民間保持活態。例如劉家良 1970 年代的電影，讓不少觀眾知悉了洪拳、詠春、大力鷹爪功、鐵布衫等名堂，甚至講得出一些名家和源流、武館的規矩以至武林軼事。武術就多少靠這些小說和媒體，存在於好幾代香港人的心裏。

民國以前的武俠小說

武俠小說在中國有很長的歷史淵源，可包括「武」和「俠」兩個元素。俠是一種理想、人格和品質，就如葉洪生所言：「遊俠或出身平民市井，或出身鄉相貴族：居仁由義，重然諾，輕生死」。[1]俠出身不同的階層，所以堅執的理想和原則不盡相同。社會上層，受儒家文化影響的俠，願為保護社稷捨身取義；客卿報知遇之恩，

壯烈報主，亦可以稱為俠；庶民信守承諾、救弱扶危，亦是俠義之舉。仗武任俠的典範，見於《史記》的〈刺客列傳〉和〈遊俠列傳〉。〈刺客列傳〉中曹沫、專諸、豫讓和聶政等留下了以武行俠的美談。〈遊俠列傳〉的主角不少出身低下層，布衣之俠、鄉曲之俠、閭巷之俠和匹夫之俠等散佈於社會不同角落。他們的勇和義有時甚至抵觸了仁和恕等價值。〈遊俠列傳〉引《韓非子．五蠹》所說的「儒以文亂法，而俠以武犯禁」，正是遊俠的特徵。俠除了個人外，也可以是群體的。墨子有弟子三百人，急人危難，可算是俠士集團。

　　一般公認唐代的傳奇為武俠小說的先驅。但道家思想的滲入和魏晉的奇談怪說卻令唐代以後的武俠小說多了怪異的內容。道家對生命本質的探索，有哲學也有精氣神的討論，和大盛的佛教義理及普羅信仰混合並通俗化後，部分成為玄怪之說，滲入小說後產生各種「仙俠」。[2] 唐代傳奇為短篇小說，題材以神怪和愛情佔多，大家耳熟能詳的如《古鏡記》、《霍小玉傳》和《李娃傳》等都是代表，而《虬髯客傳》、《紅線傳》、《聶隱娘》和《崑崙奴》中的英雄俠士故事，亦膾炙人口。當中《虬髯客傳》說俠多於論武，但其他作品的主角往往能人所不能，如《紅線傳》有輕功蓋世的人物，《崑崙奴》的主角武功高絕，《聶隱娘》中有神通廣大的尼姑等。[3] 宋代流行的話本小說，被魯迅批評為「平實而乏文彩……又多託往事而避近聞」，[4] 明人仿宋人體例，無大突破，但《水滸傳》說俠論武均極為可觀，短打（個人格鬥）和長靠（兩軍對陣）場面不絕，令人目不暇給。[5] 不過水滸豪傑視人命如草芥，有時有違俠義之道。及至清代，俠義公案小說延續武俠小說傳統。《三俠五義》以包青天率一眾義勇為民拯命為題，建立同類型作品的典範，其後《施公案》和《彭公案》以之為本，複製以一名臣大吏總領豪傑除暴安良，為國立功的公式。公案小說反叛精神不再，主角都站在建制一方，和之前的

俠義不盡相同，[6] 但當中述及輕功、點穴、劍訣、刀法、江湖勾當如悶香、人皮面具、夜行衣等，令人津津樂道，[7] 更牽引出各種武術世系、門派特色和練功法門的討論。

但若論通俗武俠小說中能樹立各派形象的，《聖朝鼎盛萬年青》可算是代表作，後來的廣式和香港武俠小說，亦為該書的變奏。有趣的是，今天南方武術門派的不少傳說，在該書都有跡可尋。該書又名《乾隆巡幸江南記》，於 1893 年首度由上海書局刊載，[8] 但估計書中的種種傳說和人物，在民間已經普及多年。內容講及乾隆皇微服遊江南沿途所見所聞，武俠部分以福建少林寺和朝廷的對抗最引人入勝。書中的少林一眾，與今天我們認知的大不相同。他們被描畫為反政府的亂黨，結果福建地方政府在武當派助拳之下，火燒少林，驅散少林弟子。書中對少林和武當的源流、徒眾和武術特色說得繪影繪聲，不過說到武術內涵，仍然十分表面，如六十二回〈西禪寺胡惠乾驚變大雄殿高進忠爭峰〉說到武當和少林的好手對抗，描述不過如下：

> 說着將身子立定，把手中刀向中間放開，又似童子拜觀音，又似金雞獨立的招式，只見他手只一送，將刀送進胡惠乾的刀光裏面，也就一刀一刀飛舞起來。胡惠乾的花刀雖則厲害，哪知高進忠這一套刀法，較之尤甚。原來他這刀法叫做雨打殘花，是專破花刀的絕技……胡惠乾雖會使那花刀，卻不知破那花刀的妙法。在對敵之時，也不招攔隔架，實在看不出是他破花刀的樣子……。[9]

綜觀全書，主題和內容固合乎大眾口味，也將流傳已久的武林故事、少林武當的人物和武功畫成一個系譜。天地會「西魯傳說」的論述止於康熙，近世考據的武術源流，大多起於嘉慶年間，中間一

塊的資料反而見於《聖朝鼎盛萬年青》。

民國北派武俠小說的影響

民國時期的北派武俠小說成長於特別的文化氣候和社會環境，不但風行一時，對香港的同類型小說也甚有影響。俠義從來都有社會需求，在亂世只會是更多心靈的寄託之處。生活和工作在擠迫的城市的人們需要娛樂，幻想中的英雄在他們刻板沉悶的生活中添上姿彩。文人也得謀生，曲高和寡隨時落得三餐不繼。民國武俠作家各顯神通，憑閱歷、文筆和社會視覺創造出不同風格的武俠小說。一時間，各式各樣，文言的、白話的、神怪的、幫會的各領風騷，當中亦有作者將武術注入武俠小說。

民國時期第一代的北方武俠小說家，包括向愷然（平江不肖生）、趙煥亭、姚民哀、顧明道和姜俠魂等。他們的作品仍以傳統社會的俠義傳奇為骨幹，再注入民族大義，部分卻沒有完全擺脫術士、飛劍和法寶等神怪元素。姜俠魂既為《國技大觀》的主編，努力整理武術材料，同時又編撰《風塵奇俠傳》和《江湖廿四俠》等作品。顧明道的《荒江女俠》是經典作品，後更拍成電影，但書中少講門派，不論招式，技擊場面盡是：「一劍劈來，少女閃身避過，疾掣背上寶劍，寒光四散，湛湛如秋光照眼」[10] 的華麗辭藻，談不上有多少實質武術內涵。

到三十年代，武俠小說名家湧現，至為有名的是「北派五大家」，當中的還珠樓主被喻為奇幻仙俠派的代表，作品《蜀山劍後傳》將劍俠神魔結合虛幻情景和天馬行空的情節，自成一家，影響歷久不衰。但論發揮武術，卻以白羽和鄭證因更有深度。白羽本名宮竹心，生於天津，1938 年起在天津發表《十二金錢鏢》，聲名鵲

起，後著有《武林爭雄記》、《血滌寒光劍》、《偷拳》等。白羽的作品好顯露社會的陰暗面，同時對武術場面描述精細，他本人對太極拳最有興趣，描述十分在行。《武林爭雄記》中「攬雀尾」、「如封似閉」、「抱虎歸山」，一招一式，如數家珍。第八回更有主角袁振武以六合拳對敵人遲雲樹劈掛掌的門派對抗。[11] 白羽的技擊顧問鄭證因，武術水準更高，習太極拳於「北平國術館」館長許禹生門下，更曾四出表演，由他闡釋各種武術，更具說服力。他的代表作《鷹爪王》，故事情節簡單，主要環繞鷹爪王王道隆與鳳尾幫仇怨，但細節豐富，充滿俠義和江湖情仇，對讀者有莫大吸引力，武鬥場面更被五十年代台、港兩地的武俠作家所宗。以下一段，就與五六十年代香港的武俠小說中對戰場面頗為相像：

> 鷹爪王倏的身形往下一撲，杆棒咻的從頭上擦過，右掌往外一穿，身軀隨着往前一提，駢二指「金龍探爪」，奔賊人雙目便點。賊人一甩頭，「鷂子翻身」從右往後一個盤旋退步，杆棒也跟着帶着風聲「秋風掃落葉」奔鷹爪王的下盤來打。鷹爪王上臂向上一抖，一鶴沖天，憑空拔起一丈五六，微斜着往下一落，賊人進步欺身，抖杆棒向鷹爪王的脊背點來。[12]

白羽和鄭證因高度揉合了技擊於武俠小說中，開創了武俠小說的新境界。

廣派和香港武俠小說

在北派武俠小說以外別樹一幟的有廣派武俠小說，更和香港後來的武俠小說一脈相承。香港的武俠小說之中，自以金庸、梁羽生

和高峰等人至為聞名。然而從技擊角度來看，上述各位雖然在描述格鬥場面都各擅勝場，想像力之豐富，令人嘆為觀止，但他們所講所述，畢竟不是正宗的傳統武術。當中唯有金庸將晚清民國太極名師廣泛傳述的人物如宋遠橋、俞蓮舟、俞岱巖、張翠山、殷利亨、莫聲谷等寫進《倚天屠龍記》。[13] 廣派和香港武俠小說的作者，部分和南派武術深有淵源，故能將南派武技、人物和源流融入作品。他們的影響力，之後又從小說延續到廣播劇和電影、電視。

「廣派」武俠小說始於兩次大戰期間，代表作家包括鄧羽公、戴昭宇（高子峰）、崆峒（同是佛山人／楊大名）、我是山人（陳勁）、念佛山人（許凱如）、朱愚齋和禪山人等。廣派武俠小說的作者，不少來自武術之鄉佛山，一部分人追隨晚清佛山名人「我佛山人」吳趼人，在筆名中用上「山人」二字，取「山人」之意，也含「我是佛山人」之情。[14] 他們的的作品大部分已失傳。同樣以技擊為主，「廣派」武俠小說以廣府話成書，未如北派的文雅。它們作品的素材主要取自《聖朝鼎盛萬年青》，但福建少林寺在書中卻變身抗清的要塞，而至善禪師、洪熙官和方世玉等也從叛逆化身英雄。

香港流行的南方武術，一般視南少林為始祖，尊奉上述傳說的少林英雄自可理解。崆峒在《少林英雄秘傳》的卷前縷述書寫原因：「近人紀述少林門下異能士多，顧多濫觸於《萬年青》一書，不知《萬年青》一書，實清廷授意之作……」[15] 有為少林群英平反之意。其後我是山人在《三德和尚三探西禪寺》的序言中增補說：「《萬年青》作者為清代時人，而少林派又為反清復明的人物……若照事直書，則在清文網秋荼之際，其不如金聖歎之罹文字獄者幾稀。是故作者不能不歪曲事實，故於描述至善禪師方世玉少林英雄全部覆亡。」[16] 同樣為少林英雄抱不平。

這群作者早年活動於廣東，部分於戰時或戰後來港。1949 年

之後，中國政府掃除封建時代的各類型藝術文字和音樂創作，武俠小說亦不能倖免。猶幸仍享高度創作自由的香港，繼承傳統武術之餘，也讓廣派武俠小說有一棲身之地。

廣派武術小說作者之中，禪山人的資料最少，迄今所知的有《少林五梅初下嶺南》（上集）、《胡亞彪大鬧武當山》（共五集）和《鐵掌毒琵琶》等。[17] 據樹仁大學黃仲鳴教授考證，廣東報壇怪傑鄧羽公可算「廣派」武俠小說開山始祖。鄧羽公成名於廣州，1930年代來港，是前《成報》創辦人何文法的外父。[18] 他在港創辦《石山》報，並以「忠義鄉人」的筆名發表小說。但《成報》1938年起以忠義鄉人一名發表的《黃飛鴻正傳》，可能是廣州另一作家戴昭宇（高子峰）所作。戴昭宇日治時期逝世，戰後《成報》再版，所載的忠義鄉人作品，如《猛龍悍虎列傳》和《黃飛鴻再傳》方出自鄧羽公之手。比較戴昭宇的《黃飛鴻正傳》和鄧羽公的《黃飛鴻再傳》，前者雅，後者俗，顯然來自不同人的手筆。崆峒則世居佛山，戰前他在廣州與衛春秋合辦《銀品》三日刊，[19] 撰寫鴛鴦蝴蝶艷情小說。其後與衛春秋同來港，辦《春秋》三日刊，開始以「同是佛山人」之名出版《張三豐九探少林寺》，並在日治時期，在葉靈鳳主理的《大眾周報》撰《少林英雄秘傳》。[20]

我是山人的作品數量多，成就也比較高。我是山人原名陳勁，出身報人，原籍廣東新會而非佛山。[21] 他本身是洪拳弟子，精通武技，戰後於廣州連載三德和尚的故事而成名，處女作是《三德和尚三探西禪寺》，自此創作不輟。我是山人於解放後來港，以平裝出版小說單行本，包括《黃飛鴻》、《佛山贊先生》、《三德和尚》和《洪熙官大鬧峨嵋山》等，由陳湘記書局發行。我是山人的作品故事簡單，題材不離少林和武當的對抗。讀者特別為其搏擊場面吸引。書中打鬥招式許多取材自真實的嶺南拳術，練武者特別看得投

入。《洪熙官大鬧峨嵋山》中一段白泰官大戰馮道德的描述相當緊張刺激：

> 馮道德怒不可遏，自恃技擊高強，縱開馬步，一刀向白泰官迎頭砍下，白泰官一飛右腳，打向馮道德之右腕上，想將其刀打開也，馮道德收刀，左腳進馬，左拳隨出，一個黑虎偷心之勢，向白泰官胸部打來。白泰官右手一拳，招住馮道德之左拳，兩拳相搭，搭起個單手橋來，馮道德之拳在下，白泰官之拳在上，盡力壓下，馮道德則歇力反上，馮道德之橋手固然利害，白泰官之臂力，亦有相當，正所謂棋逢敵手，將遇良材，兩人之單手橋，相持達半刻鐘⋯⋯。[22]

　　我是山人不但將武術通俗和普及化，而且時時彰顯反清復明的民族大義，對於剛逃避政治亂局南來，或者不滿社會現況的香港人來說，特別容易產生共鳴。

　　以小說彰顯黃飛鴻和少林武術，朱愚齋可算數一數二。朱愚齋為宗師林世榮的徒兒、黃飛鴻的徒孫，[23] 亦為劉湛和林祖等人的師兄弟。關於他的前半生，後人多據其作品《嶺南奇俠傳》中〈朱愚齋先生二三事〉發揮。朱愚齋廣東南海人，自幼家貧，但身軀強健，有緣隨寺僧法海學藝。[24] 辛亥革命後，朱愚齋來港謀生，與同樣避難香港的林世榮結下師徒之緣，亦曾面見黃飛鴻。朱愚齋的最大貢獻是以文筆推廣武術。他的小說可分兩類：第一類是《黃飛鴻別傳》、《陸阿采別傳》和《嶺南奇俠傳》等短篇結集成書的作品，另一類是已少傳世的少林英雄長篇武俠小說，表表者如《少林英烈傳》。

　　朱愚齋師事林世榮，耳聞目睹洪拳宗師的行誼和武藝，下筆成文，甚有份量。如《陸阿采別傳》中陸亞采講述五形拳的特徵，確

止戈為武：中國武術在香江

112

朱愚齋著《嶺南奇俠傳》

林世榮（豬肉榮）肖像（許日彤先生提供）

朱愚齋（齋公）肖像（許日彤先生提供）

能表達該套路之精髓：

　　五形之精意，在於人體之精力氣骨神，一形有一形之奧
妙，一法有一法之功用。龍也者，及練神之謂，暗候氣注丹
田，舒貫遍體，手及足心，互相策應，故能如神龍遊空，變
幻莫測。蛇者練氣之謂，其功主柔，先以定金橋手引氣達至
指端，以成如鋼如鐵，故起伏有如蛇之運舌，其精意乃純在氣
也。虎者練骨，灘腰落馬，起伏各勢，皆以兩爪撲逼持抓諸
法，以成護身之短手，惟其力即在於腰馬橋手，及指端間。豹
者練力，其功主於氣，氣足則力強，然馬步之進退趨避，須異
常活潑敏捷，兩拳之指，須如勾銅屈鐵，進拳則全以擦插衝撞
探諸手法，如以爪為進擊者誤矣。鶴者則為練精，其法主靜，
多偏擊側取，進則如凌空擊水，退則神閒志暇，以靜制勝。然
以上所述，亦不過自言其大略而矣。其中神妙之理，則非倉卒
間可能奉告也。**25**

其行文深入淺出，雖非武行中人，仍能知其大略。黃飛鴻其人、其
武術及其門派能在戰後深入民心，朱愚齋自然功不可沒。

　　除了說洪拳武術精要和練功法門之外，朱愚齋亦能將洪拳武術
融入書中的打鬥場面，如《陸亞采別傳》中，陸亞采大戰拳師霍大
成一段，令讀者一睹洪拳實戰之妙：

　　大成復仇心切，則以最毒辣之法取阿采，阿采亦極力抵
禦，打鬥中，大成忽改變攻勢，以「掛挹」手法，突襲阿采面
目，阿采以弓手為迎消來勢，一擊不中，大成則順勢況踭，曲
肘以逼阿采之胸。阿采以拋踭法迎架，以肘從下托上，橫格其

肘，以乃拳法中所謂「踭來踭送」者也。勢既解，則揮拳反攻以「黑虎偷心」。[26]

久閱朱愚齋作品者，均能把「黑虎偷心」、「還魂拳法」、「單弓千字」的招式說得一清二楚。

　　除此之外，朱愚齋訴說的廣東武林源流與掌故，亦成為日後電視、廣播劇和電影的素材，如洪熙官從方詠春處學會虎鶴雙形拳，鄒帶和徒兒謝達朝將五郎八卦棍廣傳四邑各鄉等事，常為普羅大眾津津樂道。朱愚齋對黃飛鴻和林世榮所知最詳，論之亦最深。黃飛鴻年少隨父賣武，揚名羊城的事蹟；莫桂蘭巧結姻緣的趣聞，與譚三從不打不相識，到結為好友的經歷，朱愚齋都說得活靈活現。林世榮的軼事之中，當以大鬧關西樂善戲院最為人稱道。朱愚齋的作品，補白了同行弟子如譚就和關坤的生平，以及林世榮在廣州、東莞和香港的武林活動。就是黃飛鴻的徒兒徒孫，從梁寬、凌雲楷、陳殿標到劉湛等人的事蹟，都見於他的作品。武林、江湖、武術和道義，一點一滴從文字流入大眾生活之中。[27]

林世榮著《工字伏虎拳》

無窮的想像：武俠廣播劇

　　戰後的電台廣播，為香港的武術文化提供了一個新載體。聲響對人的影響，也許不比影像，但它刺激人的聽覺，做成各種聯想，效果也不能低估。這多少解釋到為何電台播放的恐怖故事，有時還能把人嚇到。

　　1928 年，一群熱心人士在中環畢打街郵政局三樓設立了一個廣播室，利用一個二百五十瓦特的小型發射台，每日廣播兩小時，正式開始香港的廣播事業。[28] 之後二十年，該廣播機構在體制和硬體上不斷改進，1948 年遷往大東電報局新總部「電氣大廈」（後改名為「水星大廈」）。[29] 同年，易名為「香港廣播電台」。[30] 到了 1949 年 3 月 22 日，有線廣播電台「麗的呼聲」誕生，[31] 香港廣播事業出現新局面，風靡香港聽眾超過半世紀的廣播劇也應運而生。

　　當時「麗的呼聲」每日廣播十七小時，[32] 沒有新聞節目，服務主要以聽眾興趣為依歸，聽眾喜歡廣播劇，便多製作播放廣播劇。[33] 晚上是廣播的黃金時間，最受歡迎的廣播劇，還有個人戲劇化小說 —— 天空小說。所謂天空小說，由一人以靈活的聲線分別飾演不同角色，無論男女老幼，通通一人包辦，廣播內容並無劇本，只有數十字的大綱，任由主講者在直播室即時發揮。[34] 李我（1922-2021）可算天空小說的代號，據他解釋：「天空小說是我成名後，賣第三套電影版權給《紅綠報》的任護花先生的時候，任護花說不要稱為文藝小說，文藝小說太多，你在電台播音，電波在天空中飛揚，在天空中發射，不如稱為天空小說。」[35] 和李我各領風騷的，還有擅長諧劇的鄧寄塵（1912-1991）和演繹通俗小說的方榮。

　　1952 年，有播音皇帝之稱的鍾偉明（1931-2009）也正式加盟麗的呼聲，出任節目主任，[36] 建立香港國術空中小說的新劇種。原

籍廣東新會的鍾偉明 1931 年 7 月 17 日出生於香港，1947 年投身廣播界，先後在麗的呼聲、美國新聞處和香港電台任職。在麗的呼聲期間，他參與聲演和製作大量廣播劇，如恐怖劇《夜半奇談》、偵探故事《郭林探案》、言情文藝倫理劇《結婚十年》、《魚雁曲》和《彩虹灣之戀》等。[37] 他最為人稱道的是聲演武俠小說《洪熙官》和《黃飛鴻與林世榮》等，透過他的聲演，把洪熙官與師弟方世玉、胡惠乾，白眉道人與五枚師太演繹得非常動聽。鍾偉明原本不諳武術，為了講得更生動形象，他特央人介紹認識朱愚齋和我是山人，從朱愚齋處學會種種對打、架勢的細節，也從我是山人處認識各種武林傳奇。[38]

據鍾偉明回憶：「我第一次去拜訪他（朱愚齋）的時候，他給了我一本《陸阿采別傳》，他吩咐我去看，看看是否看得明白，一看原來是用文言文寫成的，不像白話般容易理解。幸好我戰前讀過『半卜齋』，所以沒有困難，我告訴老師我看得懂，老師說我看得懂便可以，他會教導我技擊。一開始便講了《陸阿采別傳》……播出之後很受歡迎，聽眾反應很好。接着便一套一套地講，後來說黃飛鴻的故事、洪熙官的故事……我真的很感謝朱愚齋老師，我不懂技擊的，有空便到他的醫館聽他講解，逐段逐段解釋，逐下逐下手做給我看。譬如對方出手，我如何還擊呢？每個打鬥地方都教導清楚，所以講得很生動，其他人以為我的武功很棒，其實我比文弱書生還瘦弱。」[39]

鍾偉明以其中一段為例，一角色說：「他一拳打出去（要用勁說），力度相當勁，我還是先試一試他的功力吧！於是使出退馬千橋，一搭就搭住他的來手。探得對方的功力後，便將他的來拳向下一割，順勢在他的拳上『術』的一聲，來一招橋來橋下去，將他的拳推回去。」[40] 鍾偉明說講這類劇本的時候，他的手腳也會跟着劇

情舞動。[41]

　　1950 年代末，隨着人口不斷增加，社會經濟發展迅速，工業活動增加，就業人口上升，可是當時的一般市民閒暇娛樂依然簡單，大部分都是看電影、大戲或足球賽，當時電視還未流行普及，電台廣播是大眾喜愛的免費或者廉價娛樂。[42] 1959 年 8 月 26 日，商業電台正式啟播，是香港首間商營無線廣播電台。[43]之後廣播劇的製作和種類不斷推陳出新，從編劇、配樂到混音，都有專人負責，題材也越見多元，但武俠小說仍然穩站一位，更和武術電影互相輝映。據鍾偉明說：「當時亦流行將受歡迎的廣播劇改拍成電影，甚至有電影需要宣傳，也會編成廣播劇，我曾為關德興師父播演他的電影。當他有電影快要上映時，他會請劇作家為他的電影改編為五天長的廣播劇，錄音後在各大電台播出。除香港電台不能賣廣告，要全劇播出外，在商業電台及麗的呼聲播出時，當播至最緊張時段，就要聽眾買票入電影院收看劇情發展了。」[44]

　　電台廣播劇的熱潮一直持續到七八十年代，[45]武術廣播劇和港人共行了好一段歲月。

從神怪武俠片到武打片：黃飛鴻系列的影響

　　電影在二十世紀初在美國面世，流播到歐洲也登陸亞洲，轉眼成為全球性的新娛樂媒介和資訊載體。和武俠小說一樣，武俠電影經過曲折的發展而成為中國武術的新呈現方式。中國電影興起的歷程，不在本書的討論範圍。基本上，到 1920 年代，中國電影投資者、電影院和製作人員等已齊備。電影業能否興旺，在乎能否出產吸引到觀眾的電影。深入人心的俠義故事，是普及而且現成的題材，被改編成電影劇本也是順理成章。

以北派的武俠小說為藍本的神怪打鬥武俠片，迅速成為二十世紀初的華語電影潮流。中國歷史上第一部武俠片《火燒紅蓮寺》在1920年出現，由鄭正秋編劇、張石川導演，取材自小說家平江不肖生的長篇小說《江湖奇俠傳》。[46] 之後的三年共拍了十八集續集，並引發一連串跟風的「火燒片」。[47]

這一類的影片內容結構非常類似：道家或佛家中人為首的一班「俠士」徵惡懲奸。他們能夠騰雲駕霧，為報仇、民族、朝廷、百姓、寶物等原因而與另一幫反派人物鬥爭。[48] 武打形式方面可分為兩類：一是直接以龍虎武師表達戲曲舞台動作。[49] 金庸先生（用筆名「林歡」）曾說：「當時許多武俠片卻揉進了大量舞台上的形象、舞台式的服裝、舞台式的動作、舞蹈化的打鬥，一方面顯得非常虛假，另一方面卻又沒有舞台之美。」[50] 二是複製劍仙小說的武功描寫，廉價地製作輕功、內功、鬥法寶和放飛劍等效果，動作場景中也時常展示一些古怪兵器、法術、機關，營造一種奇幻的打鬥氣氛。[51]

1931年之後，國民政府指此類電影鼓吹迷信及暴力，社會上也出現了抗日救亡運動和反封建迷信言論，這類型的武俠片遂逐漸減少。[52] 當時的香港在經濟及文化方面較為自由，電影業正在起飛階段中，[53] 院商開始與片商合作，支持本土電影製作。例如「戲院大王」羅佑明與「電影之父」黎民偉（1893-1953）合組的聯華影業公司，總部位於上海，在香港設有分廠。三十年代初華威貿易公司專門把上海電影發行到香港上映。「火燒紅蓮寺」整個系列總共十九部，便是由盧根（1888-1968）的明達公司發行到香港的。這些電影票房理想，神怪武俠片在1950年代之前的香港仍是一大主流，著名的例子包括《關東九俠》（1950）[54] 和《峨嵋飛劍俠》（1950）。[55]

1940年代末的香港觀眾早已看膩了神怪武打電影，片商不得

不絞盡腦汁，尋求新的突破。[56] 由於嶺南素來尚武之風，更有黃飛鴻、方世玉、洪熙官等人物的故事流行於世，[57] 電影人順手拈來，以這些武林傳奇為本，製作走寫實路線的武術片。朱愚齋的廣派武俠小說和在港的武林人士的口談實錄，成為電影的現成素材。根據拍攝大量黃飛鴻電影的胡鵬（1909-2000）導演所說，「黃飛鴻」所以面世，是與洪拳有淵源的編劇胡一嘯、作者朱愚齋、星馬投資者，以及香港武林人士合作的成果。[58] 黃飛鴻嫡傳弟子、香港著名功夫片導演劉家良（1934-2013）回憶，當時電影公司的老闆都不懂黃飛鴻，無人敢拍，但幾套黃飛鴻電影後，這位洪拳名師成了家傳戶曉的人物，關德興（1905-1996）亦成為黃飛鴻化身。黃飛鴻電影自以洪拳為中心，不但台前（劉湛、陳漢宗、阮榮貴等）是洪拳中人，編劇朱愚齋、動作指導梁永亨亦為高手。所以，首數集黃飛鴻電影詳述了洪拳的源流和內涵，更有前輩演練洪拳的重要套路。據余慕雲觀察，在拳術方面有蛇形手、撩陰手、十毒手、無影腳、鐵線拳等；在兵器方面有斷魂槍、五郎八卦棍、虎尾單鞭、大扒等。另外還有虎鶴雙形、五郎八卦棍、槍對雙刀對。[59] 袁和平曾說：「是『黃飛鴻』帶起了功夫片潮流，功夫片是從『黃飛鴻』開始的。」[60]

　　黃飛鴻電影一改以往北派舞台式的武打表演，強調將南派「硬橋硬馬、真刀實槍」[61] 的真功夫搬上銀幕，更讓武館規矩、門派之間的友誼和矛盾、香港老一代熟悉的廣東風情等，一一活現銀幕，教普羅大眾，在粵語的語境中，體會到嶺南的武術世界。更重要的是黃飛鴻電影堅持用武術傳達傳統倫理，是香港武俠電影對中國以文載道的傳統延續，也是武俠電影史上以武論俠的典範。[62] 1949 年《黃飛鴻正傳》的成功引得系列影片跟風而出，其他導演如王天林（1927-2010）、凌雲（1925-2007）、羅志雄（1929-1991）等紛紛跟風而上，胡鵬本人更是不甘後人，帶領着他的「胡家班」不斷創

作有關黃飛鴻的新故事。僅 1956 年一年便有二十五部黃飛鴻電影問世，那一年被人戲稱為「黃飛鴻年」。[63] 至 1970 年，黃飛鴻電影總共拍了七十五部之多。[64]

　　黃飛鴻系列以外，1950 年開始，大量以嶺南技擊為主題的電影湧現，其中富代表性的為《廣東十虎屠龍記》。該片結合了洪拳武術和廣派武俠小說，由林世榮的弟子陳漢宗監製，梁永亨任武術顧問。劇本源自念佛山人的作品，吳一嘯改編，仍由胡鵬執導。該片同樣成功，同年上映以少林英雄為題材的電影就有《火燒少林寺》、《方世玉大破白蓮教》、《方世玉擂台招親》（上下集）等。其他武林同道，也躍躍欲試，白鶴派的陸智夫為 1952 年上映的《方世玉肉搏洪熙官》擔任動作指導。但若論持久影響力，當然無一可與橫跨大半世紀，前後出品逾百套的黃飛鴻系列相比。

電影《黃飛鴻之火燒霸王莊》劇組合照。圖片正中分別是
黃飛鴻繼室莫桂蘭及其兒子黃漢熙（許日彤先生提供）

　　商人的頭腦是靈活的，眼光是銳利的，武俠電影縱有市場，但也得不斷開發新片種。在港落腳的南北拳師眾多，在洪拳之外另覓高明未嘗不可。1951 年的《五虎斷魂槍》，首次將南北武術共冶一爐。雖然該片仍以黃飛鴻電影的班底為主，但演員方面加入了北派功架的王元龍（1903-1969）和于素秋（1930-2017）等，主題也轉向北方武師南來、南北門派對立與和解。香港武林先有五虎下江南的戲劇性背景，也有戰後南北宗師匯聚的實況，該片引起關注自可想見。片商見獵心起，1954 年又以相近的題材拍成《鐵橋三義救穿雲燕》。

龍虎武師、武術指導和武打演員

　　武術電影的興旺，武行（龍虎武師）大為吃香，部分武行後來成為導演、武術指導或功夫明星，讓年輕人對習武有了新的憧憬。

　　拍攝功夫片馳名的導演張徹（1923-2002）和著名洪拳宗師兼功夫片導演劉家良均對早年的武行生涯有詳盡的憶述。在張徹導演眼中，《火燒紅蓮寺》不但是中國電影的里程碑，更催生香港的龍虎武師行業。他指出《火燒紅蓮寺》的動作設計，主要受「海派京劇」的影響，所以請來俗稱「武行」的北派特約演員跑龍套。[65] 戰後，一大批「武行」南下謀生，當中的著名人物包括于占元（1905-1997）和袁小田（1912-1979），兩人均桃李滿門。于占元在香港設立中國戲劇學校教授京劇，成就「七小福」（洪金寶／元龍、元奎、元華、元彬、元德、元彪、元樓）。時名元樓的成龍 1962 年參演《大小黃天霸》，隨後以童星身份演出《梁山伯與祝英台》和《秦香蓮》等影片，並於 1971 年進入「邵氏」，開展輝煌事業。[66] 武行和南派龍虎武師有着競爭，正如劉家良師父所說，直至六十年代，除了以黃飛鴻和洪拳為題材的南派功夫電影之外，其餘的對動作的要求並不

高。[67] 導演說怎麼打，就怎麼打，演員不少是唱戲出身的，就按着唱戲的方法打，其他的龍虎武師，跟着在後面走位、擺架勢，真實感並不高。當時邵氏出品的刀劍電影，外銷東南亞市場，且以國語片為主，因此會講國語的南來武師特別吃得開。劉家良說過：「以前的武術指導是上海人，不是我做的，我沒有資格。以前拍國語片，我不會講國語、普通話。他們配合打的時候，都有一個套路，沒有真實感。」[68] 所以，「國語那邊的班底缺人了，才會找我們去幫手。」[69] 著名的導演胡金銓（1932-1997），一直重用出身自北京著名京劇科班「富連成」的韓英傑（1927-1990）為武術指導。[70] 胡金銓的名作《龍門客棧》就有非常濃厚的舞台風格。韓英傑後來參演李小龍的《唐山大兄》，風格上明顯格格不入。

　　黃飛鴻電影從南派拳館請來拳師助陣，形成了新的氣象，卻不能把局面一下改變過來。國語刀劍電影當道，北派武師繼續壟斷，當然是主要原因。其次，雖說黃飛鴻電影引入了南派武術的元素，也能展現「內外兼修」的武術內涵，但論武打水準，也不算很高。電影《五毒》的武術指導、詠春拳的宗師梁挺憶述當時的場景：「以前粵語長片的時代，一個鏡頭，一個遠景，關德興和那個石堅，一路打打打，打了十五分鐘，直到導演說，夠了就停機。」[71] 另外，1962 年一套《白骨陰陽劍》上下集令到神怪武俠片復活，之後 1964 年有《如來神掌》、《白骨魔鞭》、《龍虎風雨劍》等，1965 年則有《千手神拳》上下集、《神劍魔簫》等，1966 和 1967 年有《聖火雄風》上下集。[72] 這時期的神怪武俠片加入了一些卡通效果，作為放飛劍，表現拳力、掌風和各種奇門兵器的手法，[73] 竟又重新吸引到觀眾。

　　無論如何，南派武師慢慢在影圈發展，建立起人脈。梁永亨開武術指導的先河，後來又有關德興和石堅等人兼職。在黃飛鴻電影

中扮演「豬肉榮」的劉湛（？-1963）是一個關鍵人物。劉湛是廣東新會人，早年在皇后大道中當打金學徒，工餘在附近武館隨林世榮學習洪拳，[74] 其後自己設館授徒。劉湛人緣廣，與一些粵劇老倌相熟，曾應薛覺先邀請同赴上海。後和兒子劉家良一同參演《關東小俠》及黃飛鴻電影。[75] 劉家良肯學，機會終於來臨。「由於我是拳師出身，劉湛的嫡傳，而且又會北派功夫，會演戲，所以找到我。當時我跟唐佳學舞台，而他則將我的洪拳、螳螂、虎爪變一變，教給武打演員，我也學習他們的一些招式。」[76]

1963 年劉家良晉身武術指導，在《南龍北風》一片中，將在不同地方學到的北派武術，混合自己最擅長的洪拳。之後三年，他為不同片種，包括神怪武打片如《如來神掌怒碎萬劍門》和時裝奇情片如《女殺手》等當過武術指導。1967 年開始與張徹的合作讓他進入武術指導的新階段。最初的幾部片子，如《獨臂刀》、《大刺客》和《金燕子》等，仍和唐佳（1937-）合作，所以仍有較多的舞台風格。之後他和更多的武術指導合作，包括親弟劉家榮、于占元的徒弟袁祥仁、蔡李佛名師陳少鵬等，在《拳擊》（1971）[77] 一片中，張徹也請來泰拳師父協助。1970 年代以後，張徹專心拍攝少林英雄電影，劉家良和胞弟更能大展拳腳，先後拍成了《方世玉與洪熙官》（1974）[78]、《少林子弟》（1974）[79]、《洪拳與詠春》（1974）[80] 等一系列作品。一年多後，劉家良因各種原因無法和張徹繼續合作，所以開始自行替邵氏開拍功夫電影，並開創了洪拳正宗的電影系列。

劉家良的發跡，顯示從龍虎武師到武術指導再晉身導演的不平凡歷程。另一方面，1960 年代後期，武打片進入興旺時期，龍虎武師變身演員者甚眾。白佩在 1971 年 5 月 25 日的《工商日報》裏撰文指出：「武俠片流行，龍虎武師固然吃香，而一些龍虎武師，情願棄龍虎武師之高酬不為，轉向演員方面發展，認為成了名演員之

後，將來之機會，無論如何，都比做龍虎武師好得多也，這可能受了姜大衛、狄龍等影響。最近，由龍虎武師，轉為演員的，所知便有田俊、楊威、雷功等。……還有也做龍虎武師，也做演員的，是林琛、陳觀泰這幾位。他們也參加《三十六殺手》一片，又演又打。以此後情形看，以後是不少龍虎武師轉為演員的。這是趨勢。」[81] 武打電影在好一段日子養活了一群習武者，姜大衛、狄龍、陳觀泰和陳惠敏幾人的水銀燈下故事，尤其令那時代的年輕人嚮往。

　　姜大衛，原名姜偉年，生於演藝世家，生父嚴化（本名姜克琪）、母親紅薇以及繼父爾光均為演員，其兄秦沛和同母異父的弟弟爾冬陞及其妻李琳琳都是香港著名藝人。[82] 姜大衛早在四歲的時候已開始參與演出，曾演出《馬路小英雄》、《街童》和《江山美人》等影片。[83] 十九歲時經在劇組做演員的兄長秦沛向武術指導唐佳推薦，開始做龍虎武師，[84] 更有緣結識劉家良。1968 年在張徹的《金燕子》中當龍虎武師，被大導演張徹看中，力捧為武打明星。[85] 回望這段經歷，姜大衛說：「我本來沒什麼野心，後來張徹導演找我做演員，我考慮了好久，原本做武師一個月賺四五千元，但做演員開始時才九百七十元。不過一輩子最厲害的決定就是這次啦！我同自己講，如果繼續做這行就一定要像老爸一樣紅。我多問了句有沒有宿舍，起碼可以省房租，生活費也搞得定，就下定決心簽約了。」[86] 張徹特意根據姜大衛的形象性格，編導一部電影《遊俠兒》，使姜大衛一舉成為高票房紀錄的演員。[87] 他在 1970 年主演武俠片《報仇》，獲得第十六屆亞洲影展最佳男主角獎，成為香港歷史上首位亞洲影帝，[88] 事業扶搖直上。1973 年，他主演《叛逆》，再獲得亞洲影展的「具有現代性格」男演員獎。[89] 之後成功的作品包括《報仇》、《十三太保》、《刺馬》等。後來姜大衛轉拍文藝片，也一樣成功。《傾國傾城》中的小太監寇連材，令導演李翰祥和觀眾大為叫好。

狄龍 1946 年 8 月 19 日生，十一歲便在服裝店當學徒。[90] 1968年，他考入邵氏公司的南國演員訓練班，畢業後與邵氏簽了五年基本演員合約，翌年《死角》一片徵選主角，導演張徹從十個新人試鏡中首選了狄龍。[91] 往後幾年，狄龍主要與張徹合作，並與姜大衛成為搭檔。[92] 狄龍從小就學詠春拳，演出絕大多數為動作片，包括《無名英雄》、《拳擊》等，[93] 但他的成功，也得力於他的演技。1973 年，他因在《刺馬》一片中扮演反派角色馬新貽，獲得第十一屆金馬獎的「優秀演技特別獎」，同時獲得第十九屆亞洲影展的「表現突出性格」男演員獎。[94] 此後，他還因主演《冷血十三鷹》（1979）獲得第二十五屆亞洲影展的「演技最突出」的男主角獎。[95] 1970 年代中期以後，武打片走下坡，狄龍遂從 1976 年起開始與導演楚原的合作，出演多部由古龍武俠小說改編的電影，如《楚留香》、《蝙蝠傳奇》、《天涯明月刀》等，同樣廣受歡迎，多次獲得香港十大男星的「金球獎」。[96] 1986 年演出《英雄本色》，不但榮獲台灣金馬獎「最佳男主角獎」，[97] 更開創了英雄片的潮流。

從擂台跑上舞台的陳觀泰，訴說了另一種的傳奇。出生於 1945年 9 月 24 日的陳觀泰十六歲時拜入「大聖劈掛門」習武，師父是有「馬騮王」之稱的陳秀中。[98] 但擂台上的戰功，卻助他真正踏上星途。1969 年 5 月，新加坡舉辦東南亞國術比賽，陳觀泰榮獲輕甲級冠軍，說得上是一打成名。[99]

1969 年 5 月，新加坡舉辦東南亞國術比賽，陳觀泰榮獲輕甲級冠軍，報章上宣稱他是「大聖門猴拳的英雄」，[100] 說得上是一打成名。1970 年，陳觀泰受張徹賞識，在《報仇》裏演死於姜大衛之手的閆角，但兩年後的《馬永貞》即讓他身價百倍。1972 年 2 月29 日的《工商日報》上一篇報導〈陳觀泰連環拳像車輪般打出〉：「拳壇新秀陳觀泰闖進影壇，為邵氏公司主演的打鬥片《馬永貞》，

在港九獻映逾旬，觀眾已逾七十萬人次，票房收入突破兩百萬元大關。……論及扮演馬永貞的陳觀泰時，無不備加讚揚，陳觀泰的武功根基好，連環拳像車輪式般打出，沉重有勁，而硬橋硬馬中，又能身手矯捷，遠非得個樣的可比。……」[101] 其後，他接拍了不少動作片，如《四騎士》、《蕩寇志》、《五虎將》及《少林子弟》等，[102] 在電影展示剛猛淩厲的功夫。

陳惠敏在街頭也在擂台打出頭。陳惠敏 1946 年 7 月 10 日生。最近接受訪問時，他親身訴說了自少習武，學習『譚家三展拳』和西洋拳擊；初中後報考警員，輾轉當了獄警，但仍常常打架等經歷。[103] 1970 年和 1971 年，陳惠敏連奪兩屆東南亞拳擊賽冠軍。1970 年和 1971 年，陳惠敏連奪兩屆東南亞拳擊賽冠軍。1972 年，陳惠敏還代表香港參加東南亞拳賽，奪得冠軍。1983 年，年屆三十七歲的陳惠敏在香港參加「世界精英搏擊大賽」，僅花四十五秒便擊倒日籍拳手森崎豪。[104]

李小龍過世後，電影界向陳惠敏招手：「李小龍剛過身，電影界要找真功夫的人演打戲。」[105] 陳惠敏身格健壯、身手超卓，胸口和後背更分別紋有雄鷹及猛龍，全盛時期他在銀幕上擅演冷面殺手，後來飾演江湖人物也廣為觀眾認識。

註釋

1　葉洪生，《論劍：武俠小說談藝錄》（上海：學林出版社，1997），頁 2。

2　徐斯年，《俠的蹤跡——中國武俠小說史論》（北京：人民文學出版社，1995），頁 15。

3　梁守中，《武俠小說話古今》（香港：中華書局〔香港〕有限公司，1990），頁 1-5。

4　魯迅，《中國小說史略》（台北：五南圖書公司，2009），頁 180。

5　《俠的蹤跡》，頁 68。

6　林保淳，《俠客行——傳統文化中的任俠思想》（新北：暖暖書屋，2013），頁 58。

7　《論劍》，頁 20。

8　許斌，《文學史攖微》（北京：新華出版社，2015），頁 489。

9　《乾隆下江南》，載於中國哲學書電子化計劃網站 https://ctext.org/wiki.pl?if=gb&res=648809，〔瀏覽日期，2022 年 2 月 13 日〕。

10　顧明道，《荒江女俠》（北京：農村讀物出版社，1988），頁 4。

11　白羽，《武林爭雄記》（太原：北岳文藝出版社，1992），頁 245-246。

12　鄭證因著，葉洪生批校，《鷹爪王》（台北：聯經出版事業公司，1984），卷 2，頁 307。

13　許禹生，《太極拳勢圖解》，載於馬力編：《中國古典武學秘籍錄》上卷（北京：人民體育出版社，2005），頁 172-174。

14　《清代逸異》，載於《清朝野史大觀》五（上海：上海書店，1981），頁 50。

15　黃仲鳴，〈琴台客聚：崆峒其人其事〉，載於《文匯報》網站（2011 年 8 月 2 日）http://paper.wenweipo.com/2011/08/02/OT1108020017.htm，〔瀏覽日期，2015 年 1 月 26 日〕。

16　同上。

17　黃仲鳴，〈琴台客聚：所謂「山人」〉，載於《文匯報》網站（2014 年 3 月 25 日）http://paper.wenweipo.com/2014/03/25/OT1403250005.htm，〔瀏覽日期，2015 年 1 月 25 日〕

18　黃仲鳴，〈琴台客聚：鄧羽公是醫師〉，載於《文匯報》網站（2014 年 7 月 8 日）http://paper.wenweipo.com/2014/07/08/CF1407080002.htm，〔瀏覽日期，2015 年 1 月 26 日〕

19　黃仲鳴，〈琴台客聚：同是佛山人〉，載於《文匯報》網站（2013 年 10 月 22 日）http://paper.wenweipo.com/2013/10/22/OT1310220009.htm，〔瀏覽日期，2015 年 1 月 26 日〕。

20　同上。

21　黃仲鳴，〈琴台客聚：我是山人的資料〉，載於《文匯報》網站（2013 年 2 月 5 日）http://paper.wenweipo.com/2013/02/05/OT1302050016.htm，〔瀏覽日期，2015 年 1 月 26 日〕。

22　我是山人，《洪熙官大鬧峨嵋山》（廣州：花城出版社，1988），頁 218。

23　許日彤，〈黃飛鴻正傳〉，載於香港舊照片網站 http://www.oldhkphoto.com/?p=248，〔瀏覽日期，2015 年 1 月 27 日〕。

24　朱愚齋，《嶺南奇俠傳》（香港：通俗出版社，1950），頁 121-122。

25 朱愚齋，《陸阿采別傳》（香港：大公書局，1950），頁 55。

26 同上，頁 71。

27 詳見《嶺南奇俠傳》，頁 46-101。

28 韋佩文，《從 1928 年說起——香港廣播七十五週年專輯》（香港：香港電台，2004），頁 5。

29 同上，頁 7。

30 同上，頁 11。

31 同上。

32 〈廣播七十五年系列（一）天空小說與廣播劇〉，載於香港電台網頁 https://app3.rthk.hk/mediadigest/content.php?aid=188，〔瀏覽日期，2015 年 2 月 3 日〕。

33 《從 1928 年說起——香港廣播七十五週年專輯》，頁 11。

34 〈廣播七十五年系列（一）天空小說與廣播劇〉，載於香港電台網站 https://app3.rthk.hk/mediadigest/content.php?aid=188，〔瀏覽日期，2015 年 2 月 3 日〕。

35 《從 1928 年說起——香港廣播七十五週年專輯》，頁 14。

36 同上，頁 12。

37 〈鍾偉明〉，載於維基百科網站 https://zh.wikipedia.org/wiki/%E9%8D%BE%E5%81%89%E6%98%8E，〔瀏覽日期，2022 年 2 月 13 日〕；〈Pride of Broadcasting〉，載於互聯網檔案館網站 https://web.archive.org/web/20110721092019/http://www.csb.gov.hk/hkgcsb/csn/csn62/62e/pdf/p25_26.pdf，〔瀏覽日期，2022 年 2 月 13 日〕。

38 筆者早年任職香港電台，從鍾偉明口中得知箇中點滴，也親眼見他簡單演練鐵線拳。

39 《從 1928 年說起——香港廣播七十五週年專輯》，頁 13-14。

40 〈聽鍾偉明講——鍾偉明談錄廣播劇過程〉，載於香港記憶網站 http://www.hkmemory.org/chung/text/life-audio.php?pageNum_audio=5，〔瀏覽日期，2015 年 2 月 4 日〕。

41 同上。

42 《從 1928 年說起——香港廣播七十五週年專輯》，頁 21。

43 〈廣播七十五年系列（一）天空小說與廣播劇〉，載於香港電台網頁 https://app3.rthk.hk/mediadigest/content.php?aid=188，〔瀏覽日期，2015 年 2 月 3 日〕。

44 〈聽鍾偉明講——鍾偉明談錄廣播劇過程〉，載於香港記憶網站 http://www.hkmemory.org/chung/text/dramma-audio.php?pageNum_audio=3&totalRows_audio=6，〔瀏覽日期，2015 年 2 月 4 日〕。

45 《從 1928 年說起——香港廣播七十五週年專輯》，頁 27。

46 劉大木，〈武俠片與神話研究初探〉，載於《戰後香港電影回顧 1946-1968》（香港：第三屆香港國際電影節，1979），頁 33。

47 同上。

48 同上，頁 33-34。

49 張力，《功夫片的秘密：動作導演藝術》（青島：青島出版社，2009），頁 18。

50 同上，頁 18-19。

51 同上，頁 19。

52 同上。

53 〈香港動作電影〉，載於香港網絡大典網站 http://zh-hk.hongkong.wikia.com/wiki/%E9%A6%99%E6%B8%AF%E5%8B%95%E4%BD%9C%E9%9B%BB%E5%BD%B1，〔瀏覽日期，2015 年 2 月 6 日〕。

54 〈關東九俠〉，載於香港影庫網站 http://hkmdb.com/db/movies/view.mhtml?id=1120&display_set=big5，〔瀏覽日期，2015 年 2 月 9 日〕。

55 〈峨嵋飛劍俠〉，載於香港影庫網站 http://hkmdb.com/db/movies/view.mhtml?id=1087&display_set=big5，〔瀏覽日期，2015 年 2 月 9 日〕。

56 〈1949-1968：《黃飛鴻》開啟香港功夫片潮流〉，載於網易娛樂網站 http://ent.163.com/10/0124/20/5TQQJQGI0003432B_2.html，〔瀏覽日期，2015 年 2 月 9 日〕。

57 同上。

58 胡鵬，《我與黃飛鴻》（香港：成記出版社，1995），頁 1-9。

59 《功夫片的秘密》，頁 21。

60 〈1949-1968：《黃飛鴻》開啟香港功夫片潮流〉，載於網易娛樂網站 http://ent.163.com/10/0124/20/5TQQJQGI0003432B_2.html，〔瀏覽日期，2015 年 2 月 9 日〕。

61 《功夫片的秘密》，頁 20。

62 麥勁生，〈黃飛鴻 Icon 的本土再造：以劉家良和徐克的電影為中心〉，載於文潔華編，《香港嘅廣東文化》（香港：商務印書館〔香港〕有限公司，2014），頁 86-89。

63 根據香港電影資料館檢索系統。

64 同上。

65 張徹，《回憶錄•影評集》（香港：香港電影資料館，2002），頁 99。

66 王芷君，〈成龍大事記與電影作品年表〉，載於《當代電影》第 3 期（2014 年），頁 43。

67 賈磊磊，〈中國武俠電影的正宗傳人〉，載於《當代導演》第 9 期（2013 年），頁 84。

68 同上，頁 85。

69 鍾寶賢：《香港影視業百年》（香港：三聯書店〔香港〕有限公司，2004），頁 136。

70 《回憶錄•影評集》，頁 99。

71 〈1949-1968：《黃飛鴻》開啟香港功夫片潮流〉，載於網易娛樂網站 http://ent.163.com/1 0/0124/20/5TQQJQGI0003432B_2.html，〔瀏覽日期，2015 年 2 月 9 日〕。

72 〈武俠片與神話研究初探〉，頁 34-35。

73 同上，頁 35。

74 《香港影視業百年》，頁 136。

75 同上。

76 同上。

77 〈拳擊〉，載於香港影庫網站 http://hkmdb.com/db/movies/view.mhtml?id=5257&display_ set=big5，〔瀏覽日期，2015 年 2 月 10 日〕。

78 〈方世玉與洪熙官〉，載於香港影庫網站 http://hkmdb.com/db/movies/view. mhtml?id=5471&display_set=big5，〔瀏覽日期，2015 年 2 月 10 日〕。

79 〈少林子弟〉，載於香港影庫網站 http://hkmdb.com/db/movies/view. mhtml?id=5491&display_set=big5，〔瀏覽日期，2015 年 2 月 10 日〕。

80 〈洪拳與詠春〉，載於香港影庫網站 http://hkmdb.com/db/movies/view. mhtml?id=5527&display_set=big5，〔瀏覽日期，2015 年 2 月 10 日〕。

81 白佩，〈龍虎武師當演員〉，《工商日報》，1971 年 5 月 25 日。

82 〈姜大衛〉，載於維基百科網站 https://zh.wikipedia.org/wiki/%E5%A7%9C%E5%A4%A7 %E8%A1%9B，〔瀏覽日期，2015 年 2 月 16 日〕。

83 同上。

84 同上。

85 同上。

86 〈姜大衛暢談入行經歷對演戲精益求精〉，載於新浪娛樂網站 http://ent.sina.com.cn/s/ h/2012-08-09/16413707585.shtml，〔瀏覽日期，2015 年 2 月 16 日〕。那時候香港住 房是個大難題，報導說邵氏的宿舍是吸引年輕人入行的一大因素。見 "Hong Kong martial arts movie stars on what life was like living and working at Shaw Brothers' Movietown studio complex – the good, the bad and the ugly"，載於 South China Morning Post 網站（2020 年 1 月 30 日）https://www.scmp.com/lifestyle/entertainment/article/3164942/hong-kong- martial-arts-movie-stars-what-life-was-living-and?fbclid=IwAR1rB8QYm28x9MEBmsjaGITW WWEznpTo-YGmudyyhaRvmxyMNeufXP7QrFQ，〔瀏覽日期，2022 年 1 月 30 日〕。

87 〈姜大衛〉，載於天映娛樂網站 http://www.celestialpictures.com/co-shaw-star-sc.asp?id=4， 〔瀏覽日期，2015 年 2 月 16 日〕。

88 〈姜大衛〉，載於百度百科網站 http://baike.baidu.com/view/191273.htm，〔瀏覽日期， 2015 年 2 月 16 日〕。

89 同上。

90 〈香港四小龍〉，載於百度百科網站 http://baike.baidu.com/view/1954520.htm，〔瀏覽日期，2015 年 2 月 17 日〕。

91 〈狄龍〉，維基百科網站 https://zh.wikipedia.org/wiki/%E7%8B%84%E9%BE%99，〔瀏覽日期，2015 年 2 月 17 日〕。

92 同上。

93 〈【明瞬片】狄龍〉，載於明周網站 https://www.mpweekly.com/entertainment/focus/local/20210706-261510，〔瀏覽日期，2022 年 5 月 25 日〕。

94 〈狄龍〉，載於維基百科網站 https://zh.wikipedia.org/wiki/%E7%8B%84%E9%BE%99，〔瀏覽日期，2015 年 2 月 17 日〕。

95 同上。

96 同上。

97 同上。

98 〈《打擂台》聚四大老牌明星 撫今追昔人生入戲〉，載於新浪娛樂網站 http://ent.sina.com.cn/m/2010-06-08/22252981959_2.shtml，〔瀏覽日期，2022 年 5 月 25 日〕。

99 〈源流〉，載於大聖劈掛門武術總會網站 http://www.tspk.org.hk/mainpage_origin.htm，〔瀏覽日期：2022 年 5 月 25 日〕。

100 〈陳觀泰〉，載於百度百科網站 http://baike.baidu.com/view/481513.htm，〔瀏覽日期，2015 年 2 月 18 日〕。

101 〈陳觀泰連環拳像車輪般打出〉，《工商日報》，1972 年 2 月 29 日。

102 〈陳觀泰〉，載於百度百科網站 http://baike.baidu.com/view/481513.htm，〔瀏覽日期，2015 年 2 月 18 日〕。

103 〈城西講古 EP1 專訪陳惠敏先生（第一集）：惠敏哥做柳記的日子！陳惠敏點解會去當差？曾經駐守深水埗警署！點解會加入幫會？〉，載於 YouTube 網站 https://www.youtube.com/watch?v=4jU6nPYmmFU，〔瀏覽日期，2022 年 5 月 25 日〕。

104 〈陳惠敏〉，載於維基百科網站 https://zh.wikipedia.org/wiki/%E9%99%B3%E6%83%A0%E6%95%8F_(%E6%BC%94%E5%93%A1)，〔瀏覽日期，2022 年 5 月 25 日〕。

105 〈港電影大佬陳惠敏黑道經歷：14 歲入會 18 歲當警員〉，載於大公網網站（2013 年 7 月 11 日）http://ent.takungpao.com.hk/star/q/2013/0711/1753230_2.html，〔瀏覽日期，2015 年 2 月 18 日〕。

04

李小龍與武術熱潮

　　經歷了六七暴動、資金撤走、人人自危的歲月，香港社會在七十年代柳暗花明地走進新的階段。香港政府檢討了暴動成因，開始整理管治策略，以求去除社會不安的潛在因素。1968 年政府已著手修改勞工法例，加強對勞工權益的保障。同年五月成立民政處（即今日的民政事務總署），改善與市民的溝通，也讓市民參與一些諸如反罪惡運動和清潔香港運動的非政治性項目。[1]教育、醫療、廉政、房屋等各方面的改革相繼而來。文化學者常常認為 1969 年 12 月開始舉辦的「香港節」，是政府打造香港人身份的試金石。1971 年香港政府開始提供義務小學教育。1972 年啟動的十年建屋計劃為一百八十萬人提供居所。廉政公署亦於 1974 年成立。管治走向理性化，經濟開始起飛，拳頭打天下的日子慢慢遠去。電影中的黃飛鴻老去，刀劍片成為粵語殘片的代名詞。

名震中外的李三腳

　　在這新舊交替的時刻，一個名字 —— 李小龍，將大眾的眼光再一次聚焦在中國武術。從 1971 年開始到 1973 年，李小龍在短短三

年時間內用了四部半的電影就讓中國武術名揚天下。[2] 在他的電影《猛龍過江》中，他的老外對頭人驚嘆了一聲："Kung Fu？" 從那時起，「功夫」成了中國武術的新國際品牌。李小龍在電影中展現的功夫是他自創的截拳道，一種中西合璧，融合詠春、拳擊、空手道和跆拳道等武術的格鬥體系。他握拳、抹鼻、怪叫、受傷後舐血等的全新表演方式，也被無數後繼者爭相模仿。在他過世後，香港報紙曾報導說：「當巨人的腳步走過歷史的大地時，我們總能聽到隆隆的腳步聲。」[3] 說明李小龍在香港武術史上的崇高地位。

在 1940 年 11 月，李小龍出生在美國三藩市一個演藝世家，父親李海泉是粵劇名伶。在長期耳濡目染之下，他與電影結下不解之緣。二次大戰結束後，李小龍跟隨父母返回香港，七八歲時開始參與電影演出，至離港赴美升學那一段時間起，他參演了二十三部電影，其中較出名的有《細路祥》（1953）、《慈母淚》（1953）、《父之過》（1953）、《孤兒行》（1955）、《雷雨》（1957）、《人海孤鴻》（1959）。[4] 十六歲那年，他拜葉問為師學習詠春拳，之後兼習不同的中外拳種，更在 1957 年奪得香港校際拳擊比賽少年組冠軍。其妻琳達提到葉問提點李小龍閱讀傳統儒、佛、道的作品，從中體驗陰陽、平衡、無為、一體性等觀念，[5] 成就後來「以無法為有法，以無限為有限」的截拳道哲學。十八歲那年，他升學美國華盛頓大學。[6] 他的學問雖說不上有大成就，但武術修為卻大有進展。李小龍之後自創的截拳道，融匯各派之長，不講求固定招式，只求善用各種方法技巧，達到武術之最高境界。所以截拳道既自由又富有個性，其終極目的是表現真實的自我。

1962 年 4 月，李小龍在西雅圖的唐人街以他的原名「振藩」開辦他的第一間國術館（Jung Fan Gung Fu Institute）。教學雙長之下，他的武技大有長進，尤以腿法造詣更為精深。因為他的學生不少來

十四歲的李小龍（許日彤先生
提供）

李小龍及其兒時玩伴小麒麟成為
《新武俠》封面人物（許日彤先
生提供）

自華盛頓大學，他於是在 1963 年秋天將振藩國術館搬到大學校園附近。[7] 1964 年，他應邀出席美國加州長堤國際空手道錦標賽（Long Beach Karate Tournament）作表演，[8] 技驚四座。也可能因為聲譽漸隆，也可能因為他的武術哲學和授徒方法與傳統不協，[9] 引來在美中國武術界的批評，最終上演和黃澤民對戰一幕。[10] 不久，李小龍得到電視劇《蝙蝠俠》製作人威廉 · 多茲爾（William Dozier）賞識，受邀試鏡。1966 年 4 月 30 日，李小龍與美國廣播公司簽訂了三十集電視劇《青蜂俠》的演出合約，擔演配角「加藤」（Kato），其後更現身《蝙蝠俠》、《無敵鐵探長》（Ironside）和《新娘駕到》（Here Come the Brides）等劇集。1967 年 7 月 9 日，李小龍正式在洛杉磯唐人街的振藩武術館（Bruce Lee Martial Arts Studio）專心發揚截拳道。

李小龍知道媒體在現代世界的影響力，所以他採用了最有效的現代傳播媒介 —— 電影來弘揚中國武術和他的武道哲學。[11] 至 1970

李小龍在練習詠春的黐手（許日彤先生提供）

年代，李小龍返港發展，加盟嘉禾，以現實和敘事化的動作場面將功夫電影帶進一個全新的時代。[12] 電影中，李小龍用最直接的動作來擊倒敵人，他出拳的每一個瞬間都洋溢着力量與速度的美感，「快、狠、准」的一招一式都充滿真實感，[13] 在武術和美學方面同時滿足觀眾。重要的是，他的電影票房同樣成功，再次喚醒大眾對武術的關注。1971 年 10 月 30 日，李小龍首度主演的嘉禾影片《唐山大兄》，在香港總票房收入三百一十九萬多，打破香港電影票房紀錄。[14] 之後的《精武門》票房超過四百四十三萬，《猛龍過江》票房收入五百三十萬餘元，一再刷新香港票房紀錄。[15] 好一段日子，他的電影和他本人成為大眾模仿的對象。

　　武術之外，李小龍也很有市場眼光。他將吸引觀眾的元素加進了他的電影。在香港，一直存在本地人受外國人歧視的現象。在廣大的華人世界，大家看到離抗日戰爭結束不足三十年，但日本經濟快速成長，連帶電影業復蘇，大量武士劍擊電影外銷，在華語地區中日無形的對抗暗暗進行。[16] 例如六十年代關德興主演的黃飛鴻電影開始打日本武士，七十年代初吳思遠導演的《蕩寇灘》開宗名義是中、日武者的戰鬥。《唐山大兄》講海外華人被欺壓的故事，《精武門》重新燃起大家的民族激情，片中和日本人的對抗尤其觸及大眾的情緒。李小龍憑其個人魅力，在他的電影中化身對抗外侮的英雄，引起觀眾極大共鳴。他請來客串的武打對手，全是遠近聞名的一派之尊或者家傳戶曉的名人，如美國空手道冠軍羅禮士（Chuck Norris）和羅拔華爾（Bob Wall）、韓式合氣道宗師黃仁植和池漢載、菲律賓魔杖大師伊魯山度，以及美國職業籃球巨星渣巴（Kareem Abdul-Jabbar）。李小龍的新片種 —— 功夫片衝出了亞洲，走向世界。[17] 他個人不但成為世界級的電影明星，被不少國家的影迷及影評家稱為「東方的功夫影帝」，[18] 也成為中國武術的代號。一下子

西方興起中國功夫熱，從那時起，連英文字典裏也專門創造 "Kung Fu"（功夫）一詞。[19]

李小龍在影片中的形象，曾經對香港等地的社會風尚產生巨大影響。看那時代的港片，不難發現很多年輕人的髮型、裝束、舉止作風等，都有李小龍的影子。《精武門》中陳真的那句「我讀得書少，你別騙我！」[20] 的電影台詞，也是當時的流行語。時至今日，不少華人對李小龍依舊熱愛和崇拜，不僅僅在他的家鄉香港，在中國內地、台灣、東南亞以至全世界各地的華人社區內總能看到他的形象出現在電影、書籍、網站等各種各樣的場合。[21] 他的電影今天可能已經過時，但依舊是香港功夫電影尚未能超越的一個高峰。李小龍是香港電影無法複製的神話，也是中國功夫文化的符號。[22] 李小龍的影片是港台影院及海外華人居住區的「保留節目」，常演不衰，這在大眾娛樂現象中是很少見的。[23]

李小龍的著述被翻譯成十幾種文字在世界各地流傳。在香港、澳門、新加坡、美國、日本、加拿大等許多國家的大學裏，都有學者研究他的著作和生平、武學觀念和成就。[24] 1980 年，他死後七年，他仍被日本《朝日新聞》選為「七十年代代表人物」；[25] 2000年，美國政府宣佈發行「李小龍誕辰六十週年紀念郵票」；2004 年，英國傳媒協會為李小龍頒發「傳奇大獎」；[26] 2007 年，李小龍入選英國 *TOTALFILM* 雜誌「五十年電影大英雄」。[27]

港、台和世界各地不少著名武術家和武打片導演都無法忘記李小龍帶來的震撼。香港影評人羅卡曾說：「香港死去的人之中，至今仍大受各方面談論而百談不厭、年年有新話題的，大概當推李小龍。[28] 與李小龍的關係亦師亦友、亦兄亦徒的菲律賓武術家伊魯山度說：「當時，我的經驗與閱歷亦正趨豐富，大有可能會創出一種拳術來，但當我認識李小龍後，我才感覺到自己的武學修養也僅似其

位於油麻地的李小龍會員俱樂部名片（攝於
2015 年 12 月 6 日）

李小龍會員俱樂部內陳列的各
類關於李小龍的雜誌和書籍
（攝於 2015 年 12 月 6 日）

李小龍會員俱樂部內陳列的李
小龍電影海報（攝於 2015 年
12 月 6 日）

浩瀚的大海中的一朵浪花而已，所以我準備終生學藝於其門下。」[29]
被尊稱為「跆拳道之父」的李俊九說：「我無法再遇到一個像李小龍
那樣的對武術如此狂熱的人了。他能夠取得如此巨大的成功，一半
是天賦，其餘則是他肯去努力、肯去拚搏的結果。尤其是他對民族
歧視的反抗精神及他平日訓練時的那股狠勁，足以令他雄視武壇。
他在武學上的造詣，也是很多人望而興嘆的，他不僅有一副好口
才，其超前的武學理論也是當時的一隻奇葩。此外，他對各種武器
的認識及純熟程度，可以稱得上是專家，他經常運用的武器有：長
棍、短棍、單雙節棍、雙雙節棍及西洋劍等，就是這些已是沒有人
能及得上他。」[30]

周星馳一向視李小龍為偶像，因為「李小龍的經歷，很多地方
都是開創性的。尤其是他在美國那段日子，一個中國人去到美國這
個異地，然後看準了一件事，就是功夫，以後便一直朝着這個目標
去做，到最後是全世界都知道功夫是什麼。這是一件十分傳奇的
事，因為在李小龍之前，除了香港及中國人的社會外，外邊的世界
是未有人知道功夫是什麼，是李小龍向外國人提出了功夫這兩個
字，然後功夫在美國或在外國才打開新的一頁。」[31] 這種精神和成
就對於年青人，特別有勵志的意義。[32]

後李小龍時代的功夫電影

李小龍在電影界掀起一陣功夫風，風靡全球，各個電影公司都
爭相開拍功夫片，追趕這一股「李小龍熱潮」。

其實早在李小龍之前，邵氏已經拍過數部拳腳功夫片，當中王
羽自導自演的《龍虎鬥》（1970）票房超過二百萬，可以說奠定了功
夫片的基本模式。[33] 但王羽是一個武打演員，而李小龍則是以武術

家的身份演出功夫片，以強悍簡練的打鬥方式，為功夫片帶來前所未有的真實感和刺激。[34]

　　李小龍在生時，電影老闆已經抓緊商機，大量攝製功夫片。在邵氏，包括張徹導演、陳觀泰主演的《馬永貞》（1972）和《仇連環》（1972）；鄭昌和導演、羅烈主演的《天下第一拳》（1972）；還有鮑學禮導演、陳沃夫主演的《太極拳》等等。[35] 王羽也為嘉禾演出《獨臂拳王》（1972）和《冷面虎》（1973）[36] 其他的類型，可謂多不勝數，例如以中國拳術和人物為中心的《虎拳》（陳星、倉田保昭主演，1973）和《猴拳寇四》（陳秀中主演，1974），介紹日韓武術的《唐手跆拳道》（白彪主演，1972）和《跆拳震九州》（李俊九主演，1973），以至其他創作型的武打電影如《盲拳》（白彪、魯俊谷主演，1972）和《霹靂拳》（南宮勳主演，1972）等。

　　1973 年，李小龍的猝死成為了電影界的一大遺憾，無數人緬懷李小龍的同時，也期盼着後有來者，能夠延續李小龍的傳奇和光輝。於是，不同的商家用不同的方法，爭取利用李小龍最後的剩餘價值。嘉禾首先使用這一份無形資產，1973 年李小龍去世後，嘉禾在 1974 年推出了劉永主演的《七省拳王》和田俊主演的《福建少林寺》，兩部影片的宣傳，都強調兩位男主角與李小龍過去的關係，例如《福建少林寺》的報紙廣告形容田俊「是李三腳好拍檔」。[37] 同年嘉禾還重映了李小龍的《精武門》，票房竟有七十七萬。[38] 1975-81 年間，嘉禾重映了十次李小龍的舊片，其中九次票房均超過一百萬。[39] 1980 年重映《精武門》更有四百一十四萬元票房，[40] 李小龍死後的兩三年，嘉禾製作的功夫片行銷到一百四十多個國家及地區。[41] 其他的功夫電影還是層出不窮。拍攝正宗少林武術電影一直是劉家良的心願，但他也是到了這個時機才能盡展所長，單在1974-75 年間，就和張徹合拍了《少林五祖》、《洪拳與詠春》、《少

林子弟》和《方世玉與洪熙官》一批有代表性的電影。

　　有趣的是，片商仍然相信李小龍的號召力，努力複製大量「李小龍」。一時間，大批功夫演員進入台灣或香港影視圈發展，他們都盡量模仿李小龍的踢腿、神態和小動作。有些曇花一現，有的卻能乘風破浪，甚至自成一家。早期聞名的有何宗道（又名黎小龍），他 1950 年生於台灣屏東，[42] 早期曾在台灣與香港擔任特技演員。李小龍逝世後被香港製片商相中，開始以黎小龍（Bruce Li）的藝名於多部武打電影中擔任主角。何宗道不但精通中國功夫，還擅長跆拳道，腿功凌厲，加上外形酷肖李小龍，模仿李小龍打鬥時的動作和表情維妙維肖，因此被稱為「李小龍第二」。[43] 何宗道的主要作品有：《一代猛龍》（1974）、《新死亡遊戲》（1975）、《猛龍東征》（1975）、《唐山截拳道》（1976）、《詠春大兄》（1976）、《詠春截拳》（1976）、《李小龍傳奇》（1976）、《唐山大兄 2》（1977）、《最後精武門》（1977）等。之後有來自澳門的洪拳教頭呂小龍（黃健龍），他於 70 年代初到香港邵氏電影公司做武打演員和龍虎武師，[44] 先後主演了《截拳鐵指鬥刀客》、《死亡魔塔》、《龍拳精武指》和《猛龍伏虎》等影片，在港台、歐美都有相當的知名度。[45] 其他的尚有原名金泰中的唐龍，他本身是跆拳道高手，後來又隨李小龍研修截拳道，接拍過李小龍未完成的影片《死亡遊戲》，[46] 之後還演過電影《死亡塔》。

　　有一批功夫演員，他們與李小龍有或多或少的關係。他們在李小龍離開後各領風騷，但假如沒有李小龍和他的時代，他們的機遇可能大不相同。梁小龍原名梁財生，[47] 他精通少林功夫，潛心鑽研過泰拳和空手道，[48] 十六歲就進入影視界做替身演員，拍過多部武打電視劇和電影。梁小龍多次於比賽奪冠，功夫熱潮中他出演了《餓虎狂龍》（1972）、《猛虎下山》（1973）、《生龍活虎小英雄》

（1975）、《黑帶空手道》（1977）等多部電影。[49] 在 1977 年的《李三腳威震地獄門》等電影中，梁小龍就飾演過李小龍本人。雖然梁小龍在外形方面與李小龍並不相像，但他的武技功夫生猛剛健，氣勢逼人。1980-82 年間，梁小龍主演麗的電視的劇集《大俠霍元甲》和《陳真》，一度紅遍大江南北。[50]

成龍曾說：「沒有李小龍就沒有我」、[51]「人們總是向我問起李小龍。為什麼不呢？當時他是香港電影史無前例的頭號明星。生前是一座豐碑，逝世後是一個傳奇。他使功夫片引起了全世界的注意。我想，如果沒有他，就不會有人聽說過成龍。現在，當我欣賞他的影片的時候，我認為，它們都是傑出的作品。他樹立了其他每個人都想效仿的標準。」[52]

「七小福」出身的成龍，在七十年代曾當過武師，也曾在李小龍主演的《精武門》扮演被李小龍一腳踢飛的日本浪人。[53] 1973 年，成龍又在李小龍主演的《龍爭虎鬥》裏扮演韓先生的助手，但慘被李小龍抓住頭髮並扭斷脖子。[54] 由於成龍身手靈活，且勇於嘗試，因此在 1976 年，經過經理人陳自強的關係，被導演羅維選中並為其改名為「成龍」，[55] 希望他能成為「第二個李小龍」，[56] 並且拍攝了幾部模仿李小龍形象的作品，例如《新精武門》（1976）。這些「仿龍作品」未竟全功，[57] 證明「李小龍只有一個」。成龍後來在功夫喜劇的新浪潮中，憑 1978 年的《蛇形刁手》和《醉拳》走紅。[58]

甄子丹生於香港，在美國長大，後回到香港發展而成名，人生經歷和李小龍極為相像。武藝方面，甄子丹和李小龍一樣，在中國功夫的基礎上吸收各種搏擊技術。他最初沒有刻意模仿李小龍，但一部亞洲電視劇集《精武門》和後來的電影《精武風雲》使得他成為世紀之交的新李小龍。甄子丹雖然相貌一點都不像李小龍，但功夫和神采讓人真正感覺到「龍影」再現。[59] 影迷們也普遍認為，甄

子丹的實戰功夫使他在成龍的雜耍表演和李連杰的武術套路之間獨樹一幟，更可與李小龍相提並論。

後李小龍時代的功夫電視劇

在功夫熱之中成長，而且滿有香港氣息的，除了電影，就是功夫電視劇。

香港電視廣播始於 1957 年，首間電視廣播電視集團為麗的映聲。當時是有線傳播，客戶要每月繳交節目費。加上香港人均收入仍低，電視並非普及娛樂。其時節目內容亦頗單調，不離外購節目、新聞、自製劇集和綜藝節目。

1967 年，香港電視廣播有限公司（簡稱無綫電視）啟播，開創無線廣播的新局面。時值暴動之後，香港社會漸趨穩定，加上工業穩步上升，市民有力負擔便宜的新型娛樂，不用節目費的無線廣播，只需買入電視機就可收看，因此大受歡迎。加上無綫電視網羅了一批退役的粵語片演員如梁醒波、鄭君綿、陳齊頌、沈殿霞等，令節目廣受歡迎。當時的綜藝節目《歡樂今宵》，連續每週播放五晚達二十七年，創下香港電視的歷史紀錄。[60]

麗的映聲 1973 年改為無線廣播，但不能挑戰無綫電視建立的地位。但無綫電視早年的電視劇，以言情、喜劇和民間故事為主題居多。1975 年，乘着功夫熱潮，無綫請得石堅和吳殷志等武俠電影前輩，夥拍有武術根底的石修，攝製二十集的《功夫熱》。之前的武俠電視劇，主要由日本和台灣入口。日本的劍擊片甚有趣味，但台灣的劇集如《保鏢》和《神鳳》，節奏緩慢，動作場面貧乏。真正掀起功夫熱電視劇的，卻是異軍突起的佳藝電視。

1975 年，佳藝電視啟播，但處境卻比麗的電視更加不如，怎知

一系列的金庸電視劇卻震動電視界。當時功夫電影漸走下坡，佳藝電視網羅陳惠敏、白彪和梁小龍等一眾功夫演員，開拍《射鵰英雄傳》。[61] 該劇製作水準不高，但因為故事引人入勝，演員演出和武打場面精彩，令觀眾耳目一新。白彪演的郭靖和米雪演的黃蓉，今天仍叫人非常懷念。之後，《神鵰俠侶》和《碧血劍》等陸續上演，其後更有講述少林英雄事蹟的《廣東好漢》。

無綫見對手來勢洶洶，也請來一批武打演員如黃元中和石堅、武術指導李家鼎助陣，開拍金庸另一作品《書劍恩仇錄》。[62] 此外，無綫另覓蹊徑，開拍古龍的武俠小說如《陸小鳳》和《小李飛刀》，異軍突起，大受歡迎。幾年間，熒幕上也是殺聲震天，拳來腳往，刀光劍影。到 1977 年，佳視倒閉，武打風潮開始稍緩。

李小龍和後李小龍時代的功夫漫畫

現代漫畫的定義是圖畫輔以文字，單格、多格或者長篇表達的完整訊息和敘事。[63] 中外自古便有類近的文藝創作，卻非同源，十九世紀之前也少有交流。1909 年，上海時事報館收集刊登於其專欄的漫畫作品，集成中國首部報紙漫畫匯集《戊申全年畫報》。漫畫家如馬星馳、何劍士等人開始於報紙繪畫漫畫。1920 年代開始出現長篇漫畫，漫畫的分工制度漸漸成型，年青漫畫家爭相在報章試筆。[64]

1910 年末出版的《人鑑》是為香港漫畫的先河。[65] 之後受刊登英語報章的單格或者四格漫畫影響，也迎來不少內地人才，1930 年代開始出現盛況，多份報章如《華僑日報》和《工商日報》等都刊載大量漫畫，[66] 更成銷量保證。當時的漫畫，題材不離傳統故事和社會百態。抗戰爆發後，漫畫也記錄和批評日本侵略中國的行為，並附錄其他發生在中國和世界各地的大事。[67]

　　戰後香港民生凋零，百廢待興，加上老一輩漫畫家垂垂老矣，通俗和簡單易明的漫畫，設計和畫工均頗簡陋，[68] 但因為每本只售港幣兩角，還是有它們的市場。由李凡夫在《漫畫世界》編繪的《何老大與朱老師》，是講述平民日常生活的漫畫的代表。名報人袁步雲既有講述抗日故事的《牛精良漫畫集》，也有風騷俏媽姐《柳姐》的小品漫畫。[69] 到六十年代、黃小鶯、畫松樓、東方庸、丁小香、李惠珍、許冠文、潘飛鷹等人炮製傳統俠義的、恐怖的、戰爭的、時尚的，仿習美國萬能勇士或者日本超人的諸色漫畫。

　　1970 年代初，香港社會處於新舊交替的局面，戰後的新生代尋求新的路向和事物，社會滋長一股煩躁不安的情緒，體現在不同的通俗文化創造方面。[70] 那多少解釋到為何張徹的年輕叛逆的電影，如《報仇》（1970）、《十三太保》（1970）、《年輕人》（1972），《四騎士》（1972）和《叛逆》（1973）等會大受歡迎。歸根究底，七十年代並不是一個乾淨、白璧無瑕的時代。

　　近年來不少人歌頌的英治時代，其實有着不少的不公和腐敗，[71] 社會也永遠有欺壓大眾的惡棍。一般人無奈面對，以暴易暴的作品應運而生。江之南七十年代初創作的短篇小說《人在江湖》甚有代表性。江之南原名王陵，早年有《豬肉佬英雄史》，至《人在江湖》聲名大噪，1974 年，邵氏買下版權，被拍成電影《成記茶樓》。[72]

　　以黃玉郎的《小流氓》（1971）（後更名為《龍虎門》）及上官小寶的《李小龍》（1971）為首的功夫打鬥漫畫，乘着由李小龍掀起的功夫片熱潮興起，開創了香港漫畫的新風格，[73] 成為最受歡迎的香港漫畫之一。漫畫中的英雄，在虛構的社會環境中為地下階層的市民抱打不平，用功夫鋤強扶弱，為當時受欺壓的香港小市民吐出一口怨氣。[74]

1960 年代，筆名為「黃玄生」的黃玉郎仍處於創作的摸索期，作品駁雜，較著名的有：《超人之子》、《小蛇王》、《飛斧仙童》、《魔鬼小兵團》、《小傻仙》、《小魔神》、《柔道魔童》等。[75] 後來接受當時出版公司老闆丁小香的建議，改名黃玉郎，[76] 多次自資出版漫畫，但每次皆換來慘痛的教訓。[77] 屢敗屢戰的黃玉郎在 1971 年成功創作了《小流氓》，[78] 迅速扭轉乾坤。當時，李小龍的電影《唐山大兄》和《精武門》正為功夫片掀開新篇章，黃玉郎以電影分鏡頭形式作畫，同時以功夫武打為題材，借助激烈打殺的情節描寫扭轉過往以正經幽默為主的本土卡通模式，受到年青人追捧。[79]

《小流氓》的故事內容描寫一班草根階層的青年跟流氓、地痞和惡霸的正邪對決，「標榜行俠仗義的小流氓」以狠辣的武打招式吸引了不少讀者。《小流氓》的二毫裝書出版至 1972 年第五十五期時已突破兩萬五千冊銷路。[80] 之後李小龍在電影表演雙節棍，令觀眾嘆為觀止，於是黃玉郎就讓《小流氓》中龍虎三皇之一的石黑龍也舞動起雙節棍來，在第七十至七十三期的漫畫，更加入李小龍的角色，而且用他的頭像了做封面。

李小龍的電影《唐山大兄》帶起了幾本以李小龍為名的漫畫，上官小寶的《李小龍》就是其中一例。《李小龍》的畫風與《小流氓》相近，都是以武打懲惡鋤奸為題材。上官小寶說：「因為當年《唐山大兄》橫掃全港，身為觸覺敏銳的連環圖從業員又怎麼會錯過這個機會呢？當時書名有兩個選擇，一是叫《唐山大兄》，一是索性叫《李小龍》，結果就選了後者。」[81] 其實《李小龍》出版時，當年市面曾鬧三胞胎，不過上官小寶寫的《李小龍》一做就三十年並屹立至今，相較思明繪編的《龍爭虎鬥》草草收場，[82] 顯見上官小寶的實力。可能受到同時期的港產和入口電視劇的影響，《李小龍》的內容雖與《小流氓》的武打路線相若，但故事中往往注入家族鬥爭及

俠義情仇的重要元素。[83]《李小龍》初期反應未盡理想，創刊號銷量大約四千冊，但小寶毅然放棄其他的漫畫工作，專心一致使《李小龍》盡善盡美，銷量於是直線上升。

在一片功夫熱潮之中，功夫漫畫既享其利，同時卻也間接令武術進入青少年文化。之前的掛廣派武俠小說和黃飛鴻電影，令嶺南英雄故事在新舊交替的香港社會延續，沒想到漫畫成為了七十年代的新載體。黃玉郎和上官小寶以外，一批名氣較次的漫畫家，也全力創作功夫漫畫，例如創作《洪熙官》的白金龍、創作《黃飛鴻》的江海濤、創作《胡惠乾》的上官玉郎等都自有天地。

香港一直有條例管理出版物。1962 年，連環漫畫《飛女世界》第二十一期《男與女》已被裁定含有淫褻內容，「足以敗壞童年人德性」。[84] 1974 年「公仔書之暴力與色情研究報告」發表，研究小組建議政府制訂法律，規定漫畫出版前需得到民政司轄下的審評小組審核。[85] 議員高苕華和議認為「這些漫畫吸引和滿足了青少年好奇心、好勝與崇拜英雄的心理」，其實「非常不健康和危險」。[86] 律政司何伯勵（John William Dixon Hobley）在之後的會議上表示正與警務處處長草擬新法例，監管暴力並以兒童及青少年作為主要讀者的刊物。[87] 1975 年 7 月 2 日，《不良刊物條例》在立法局上進行二讀，[88] 漫畫界表達強烈不滿，連環圖書業聯會發言人黃玉郎甚至到港督府請願。[89] 但《不良刊物條例》最終於 1975 年 8 月 13 日獲得三讀通過，正式生效。[90] 1975 年，《小流氓》由第九十九期正式易名為《龍虎門》，[91] 同時減少色情、暴力及粗口成分。因為當時功夫熱潮方興未艾，為求加強吸引力，龍虎門一改從前憑空想像的武功，於正邪陣營不斷增加擅長不同真實武術的人物。正派方面，有石鐵為首的洪拳七傑、鐵砂掌鐵青天、大力鷹爪和詠春韋陀等，反派方面也有同樣擅長大力鷹爪和詠春的銀鷹、精通北少林六合拳的神彈

金剛等。黃玉郎不是武行中人，但利用想像和漫畫筆法表達的中國武術還是令青少年看得眉飛色舞。之後他順應潮流，加入金庸小說中的《九陽真經》、《九陰真經》、《易筋經》等也是因應市場需要，已是後話。

註釋

1　Ming K. Chan and Alvin So, *Crisis and Transformation in China's Hong Kong* (London: Routledge, 2015), p. 169.

2　《功夫片的秘密》，頁 24。

3　魏峰，《李小龍全書》（北京：北京體育大學出版社，2006），頁 71。

4　李秋勤、黃德超，《永恆的巨星的一生：李小龍》，頁 15。

5　Linda Lee, *The Bruce Lee Story* (Burbank, Calif.: Ohara Publications, 1989), pp. 27-28.

6　根據華盛頓大學校友會的網頁，"Alumni of the Century"，李小龍在 1961-64 年間，為該校的戲劇系而非哲學系本科生，與他太太琳達所說及大多人的記憶不一樣，詳見 https://www.washington.edu/alumni/columns/dec99/j_o.html，〔瀏覽日期，2022 年 2 月 2 日〕。

7　*The Bruce Lee Story*, p. 12.

8　張建廣：《李小龍傳奇》（北京：中國青年出版社，2008），頁 281。

9　Bruce Thomas 提到李小龍對無真材實料的師父不太客氣，見 Bruce Thomas, *Bruce Lee: Fighting Spirit* (London: Sidgwick and Jackson, 2007), p. 82.

10　此戰的始末有不同的說法，馮應標有概括的綜述，見馮應標，《李小龍年譜：一代武星戲裏戲外的真實人生》（香港：中華書局〔香港〕有限公司，2017），頁 86-88。

11　《李小龍全書》，頁 55。

12　馬廉禎，〈試論李小龍對香港功夫影視文化的影響〉，《搏擊‧武術科學》第 11 卷 11 期（2014 年），頁 1。

13　同上，頁 2。

14　庚志輝，《龍的寓言：紀念李小龍逝世三十週年》（香港：天行者媒體，2004），頁 166。

15　亞洲電視編著：《香港百人》上冊（香港：中華書局〔香港〕有限公司，2012），頁 198。

16 M. T .Kato, From Kung Fu to Hip Hop: *Globalization, Revolution, and Popular Culture, SUNY series, Explorations in Postcolonial Studies* (Albany: State University of New York Press, 2007), chapter 1.

17 《李小龍全書》，頁 55。

18 同上。

19 阿丘，〈成龍，好一條中國龍〉，載於《精武》第 7 期（2005 年），頁 1。

20 出自李小龍電影《精武門》（1972）。

21 聶偉主編，陳犀禾著，《當代華語電影的文化、美學與工業》（桂林：廣西師範大學出版社，2011），頁 149。

22 〈試論李小龍對香港功夫影視文化的影響〉，頁 3。

23 蔡宛柳，《飛越蒼穹：李小龍》（濟南：山東畫報出版社，1998），頁 133。

24 同上。

25 《李小龍傳奇》，頁 282。

26 同上。

27 同上。

28 《當代華語電影的文化、美學與工業》，頁 149。

29 《李小龍全書》，頁 69。

30 同上，頁 71。

31 《永恆的巨星的一生》，頁 178。。

32 同上，頁 179。

33 蒲峰、劉嶔，《乘風變化──嘉禾電影研究》（香港：香港電影資料館，2013），頁 25。

34 同上。

35 《香港影視業百年》，頁 229。

36 《乘風變化》，頁 25。

37 同上。

38 同上。

39 同上。

40 同上。

41 《香港影視業百年》，頁 229。

42 趙雲龍、周文鋒，〈台灣李小龍——何宗道的傳奇故事〉，載於《搏擊》第 7 期（2004年），頁 56。

43 同上。

44 同上。

45 同上。

6 同上。

47 鄧詠濱，〈扮演陳真的梁小龍〉，載於《電影評介》第 11 期（1984 年），頁 25。

48 劉怡華，〈香港功夫片影星梁小龍〉，載於《體育博覽》第 5 期（1985 年），頁 10。

49 〈梁小龍〉，載於香港影庫網站 http://hkmdb.com/db/people/view.mhtml?id=4032&display_set=big5，〔瀏覽日期，2015 年 4 月 17 日〕。

50 高琦光、陳君翎，〈梁小龍：我的故事就是一部電影〉，載於《精武》第 3 期（2005年），頁 18。

51 春亭，《李小龍大傳》（武漢：湖北人民出版社，2006），頁 242。

52 同上。

53 徐晉華，《成龍的俠骨柔情》（北京：團結出版社，2006），頁 11-12。

54 同上。

55 岑夏，《成龍傳奇》（長春：吉林人民出版社，1996），頁 60。

56 《功夫片的秘密》，頁 32。

57 《新精武門》上映七天，票房只有 45.6 萬，與當年李小龍的《精武門》創下五百多萬的票房，相距甚遠，因此被視為失敗之作；《成龍的俠骨柔情》，頁 17。

58 王海洲，〈成龍電影：英雄形象及其變奏〉，載於《當代電影》第 1 期（2000 年），頁 83-84。

59 楊學兵，〈功夫男星，誰與爭非——甄子丹：歲月已逝年華老〉，載於《電影》第 3期（2007 年），頁 36。

60 吳昊，《香港電視史話》（香港：次文化有限公司，2003），頁 45。

61 同上，頁 78-79。

62 同上。

63 Ellen Wiese trans. and ed., *Enter The Comics: Rodolphe Töpffer Essay on Physiognomy and The True Story of Monsieur Crepin* (Lincoln: University of Nebraska Press, 1965), p. 5; Randy Duncan and Matthew J. Smith, *The Power of Comics: History, Form & Culture* (New York: Continuum, 2009), p. 26; Martin Barker, *Comics: Ideology, Power & the Critics* (Manchester; New York: Manchester University Press, 1989), p. 6; George C. Perry, *The Penguin Book of Comics: A Slight History* (Harmondsworth, Eng.; Baltimore, Md.: Penguin Books, 1971), p. 29.

64 甘險峰，《中國漫畫史》（濟南：山東畫報出版社，2008），頁 106。

65 黎健強認為《人鑑》於 1916 年已開始籌備及落筆，但由於出版及印刷之故，最終於 1920 年才能出版。見黎健強，〈梁國英與人鑑成書經過〉，載於黎健強、李世莊編，《人鑑》，頁 5。梁國英在《人鑑》的序言中指出，這本作品集的生成經過了三年多的編製及修訂。見梁國英，〈序言〉，載《人鑑》，頁 i。因此，黎健強 1916 年之說應可成立。

66 小思，〈看公仔書的日子〉，《明報》，2010 年 9 月 26 日。

67 《中國漫畫史》，頁 187-188。

68 《香港漫畫圖鑑》對二十世紀香港漫畫討論甚詳。見黃少儀、楊維邦，《香港漫畫圖鑑》（香港：樂文書店，1999）。

69 香港藝術中心，《再見細路祥：漫畫家袁步雲紀念展》（香港：香港藝術中心，1996）。

70 同上，頁 19-20。

71 Colonial Hong Kong in the Eyes of Elsie Tu 可算是一部簡單的導引。見 Elsie Hume Elliot Tu, Colonial Hong Kong in the Eyes of Elsie Tu (Hong Kong:University of Hong Kong Press, 2003)。學者呂大樂也強調今天普及論述中的七十年代是一個被神話化的時代。見呂大樂，〈解構七十年代的香港神話〉，《文匯報》2012 年 8 月 1 日：http://paper. wenweipo.com/2012/08/01/OT1208010001.htm，〔瀏覽日期，2022 年 3 月 15 日〕。

72 黃仲鳴，〈琴台客聚：江之南筆下的好漢〉，載於《文匯報》網站（2012 年 11 月 27 日）http://paper.wenweipo.com/2012/11/27/OT1211270011.htm，〔瀏覽日期，2022 年 3 月 15 日〕。

73 劉秀梅，〈從漫畫到電影：香港電影的一種表達〉，載於《電影》第 1 期（2007 年），頁 64；李亦，〈香港動漫業陷入瓶頸〉，載於《滬港經濟》，第 11 期（2013 年），頁 42。

74 同上。

75 杜詩語，〈漫畫風雲：馬榮成 VS 黃玉郎〉，載於《大學時代》第 7 期（2006 年），頁 41。

76 同上。

77 金焰、錢逸敏主編，《漫畫辭海：香港篇》（上海：上海人民美術出版社，2004），頁 180。

78 同上，頁 179。

79 同上。

80 《香港漫畫圖鑑》，頁 105。

81 〈李小龍漫畫成了「珍貴古董」〉，載於環球李小龍截拳道網網站 http://www.world-jkd. com/long/lxlmhclzggd.htm，〔瀏覽日期，2015 年 4 月 16 日〕。

82 《香港漫畫圖鑑》，頁 109。

83 〈香港漫畫〉，載於百度百科網站 http://baike.baidu.com/view/402474.htm，〔瀏覽日期，2014 年 4 月 17 日〕。

84 〈飛女世界連環圖敗壞童年人德性　法官斥書店店主並重罰〉，《香港工商日報》，1962 年 5 月 17 日。

85 公仔書之暴力與色情 究小組，《公仔書之暴力與色情研究報告》，頁 18-19。

86 Hong Kong Legislative Council, *Official Report of Proceedings, Thursday, 31st October 1974* (Hong Kong: The Legislative Council, 1974), pp. 107-108.

87 Hong Kong Legislative Council, *Official Report of Proceedings, Thursday, 14th November, 1974* (Hong Kong: The Legislative Council, 1974), pp. 205-206.

88 Hong Kong Legislative Council, *Official Report of Proceedings, Thursday, 2nd July, 1975* (Hong Kong: The Legislative Council, 1975), pp. 881-882.

89 〈連環圖書業聯會發言人抨擊不良刊物調查委會所作報告不盡不實 七代表昨赴督轅請願〉，《香港工商日報》，1975 年 7 月 1 日。

90 詳細修改內容及經過詳見 Hong Kong Legislative Council, *Official Report of Proceedings, Thursday, 13th August, 1975* (Hong Kong: The Legislative Council, 1975), pp. 1042-1046.

91 《漫畫辭海香港篇》，頁 79。

05

世界冠軍搏擊賽首晚賽事
職業拳手表現毫不突出
港將死纏爛打戰意旺盛

陳錦新勇抗加福
郭華強氣足力勁

馬雲景狂攻猛打
技術遜色無建樹

冼林煜氣力不繼
頭中擊血流披面

　　李小龍離世後，武術在香港的境貌已是大不相同。功夫電影和漫畫似是方興未艾，但學習國術的熱潮原來已暗暗退卻。1976 年5 月，蔡李佛名師曾昭宇接受訪問時，指出武館的倒閉潮才剛剛開始。雖然有規模也有名氣的武館仍能屹立不倒，但不少在李小龍效應中突然湧現的新武館，已經撐不下去。[1] 他樂觀地相信，經歷一輪的汰弱留強之後，香港武術界會更健康地發展。但另一位宗師邵漢生卻看到工業的興盛，令青年人再難專注武術訓練。陸續有來的訂單，叫工廠應接不暇，工人寧可加班，賺取額外收入，昔日越夜越精彩的武館，門庭漸漸冷落。[2]

　　不少武林中人認為 1973-80 年代的連串管制措施，扼殺了武館的生存空間。事實上，戰後激增的人口、生計的艱難、惡劣的生活環境和一直活躍的幫派活動，引發嚴重的治安問題。警務與司法並非沒有針對性的改革，但一時間無法得到預期的效果。[3] 1967 年的暴動過後，政府的更有為政策中，包括了 1973 年的反罪惡運動，當中的「罪案社會成因」跨部門小組（Sub-Committee on Social Causes of Crime）於 1973 贊助進行研究。1973 年 9 月完成的進度報告提及罪惡的成因和對策，但說法都無新意，都從家庭和教育方面着眼。[4] 但

之後委託香港中文大學的社會研究中心的研究，卻點出了武館和社會暴力罪案的關係。該計劃以五百少年罪犯，對比五百名同齡非罪犯，在教育、家庭、居住環境、嗜好和接觸媒體等的異同，從而探索上述因素和犯罪的關係。當中一章指出，除吸煙、賭博、喝酒和閱讀暴力漫畫等因素外，77.5% 的少年罪犯喜歡習武和參與武館活動，非罪犯之中，只有 45.2% 有這些嗜好。[5]

相約時期政府的另一報告也批評部分武館徒眾惹事生非，出獅勒索市民，收保護費的惡行。[6] 有跨部門小組在 1974 年底建議武館與武術社、教頭和學生均須註冊，不過學生的註冊可以盡量簡化。[7] 但至 1977 年 9 月，時任刑事偵緝警司的李君夏仍然無法明確定義武館以及應循哪種方向要求它們註冊。[8] 到 1980 年有三所分館的廣盛堂國術總會因為涉及黑社會罪行，要港督連同行政局，始可頒令取消其公司註冊。根據報章報導，此案是十年來首次，顯見要針對武館運作並非易事，1974 年的動議，並未真的落實。[9]

我們可以試着從更闊廣的社會文化角度看武術走下坡的原因。六十年代之後，工業化的力量征服了香港。暴動期間部分市民變賣財產離開香港，但看好香港未來的商人，卻趁機購入物業，並擴充手上的實業，香港工業全速前進。製造業繼續成為香港經濟的主要支柱，製造業的勞動人口由 1960 年的 215,854 人大幅上升至 1968 年的 472,394 人，到 1979 年更達 870,898 人，佔勞動人口比例的 40.5%。[10]

當時工廠遍佈觀塘、新蒲崗、大角嘴和荃灣等地，工業成品慢慢取代手製精品。[11] 由是生產線上的人們，隨着指引做着刻板而簡單的工作。苦幹、聽命和守紀律是新的時代精神，大家相信克勤克儉，機會來臨時，就可幹一番大事業，工字打出頭。據統計，在 1976 年，90% 以上的工人月入不足二千元，但到 1986 年，只

有 28.2% 的工人收入不足二千元。如果按 1976 年價格計算，1976年入息中位數為 742 元，1981 年上升至 1,010 元，1986 年則為1,125 元。[12]

　　從基建和管治的角度看，香港也是越來越像個現代大都會。紅磡海底隧道在 1972 年通車，將香港和九龍連在一起。港府於暴動之後在港九設立的民政署和在新界設立的新界民政署，繼續發揮聯繫作用，接受市民申訴及評估市民對政府政策的反應，並向市民解釋政策。[13] 在 1978 年義務教育擴展至中學三年級。1972 年啟動的十年建屋計劃為一百八十萬人提供居所。1977 年 1 月 10 日，海洋公園在港督麥理浩主禮之下正式開幕。各區也陸續成立社區中心，提供日間托兒所、圖書館、不同年齡組別的交誼會社、公用會堂，以及各種職業訓練班。有說社區中心的用意是要香港年輕人過着健康的人生，藉此減少罪惡，背後的政治意圖，就是要削弱年輕人的反叛性和對港府的敵意。[14] 實際上，這一代的香港人置身於一個高度管理的社會，昔日華南的生活形態，只能在上一輩的記憶中呈現。

娛樂越來越多元化

　　隨着普羅大眾收入增加，他們追尋更多姿多彩的消遣活動，普及娛樂興旺一時。那是香港電視的黃金歲月，1978-84 年，香港是全世界最大的電視節目出口地區。[15] 每晚 70% 的電視觀眾，在家中追看無綫電視的肥皂劇。[16] 1970-80 年代，香港流行曲工業如日方中，不但唱片銷路大幅上升，更高消費的演唱會也座無虛設，1981年只有二十一場舉行，到了 1985 年就多達七十四場。[17]

　　在這樣一個時代，華衣美服包裝的電視劇一新大家耳目，仿荷里活的動作片漸成主流，日式普及文化漸成年輕一代的心頭好。可

以想見武術的社會需求下降，供應者自然也自顧不暇。開武館是否一門好生意？畢竟師父也要交租吃飯，承傳文化的代價不是人人負擔得起。

老師父說：練功夫不是為了打架，是為了強身健體，但游泳跑步，各適其式，新玩意多的是。例如網球原本一直是上流社會的運動，但七十年代中以後，網球逐漸普及，香港人開始認識波格（Björn Borg）和干納斯（Jimmy Connors）等國際網球明星，並留意他們的消息。尊德拉華特（John Travolta）的《週末狂熱》（*Saturday Night Fever*）在 1977 年帶起熱潮舞的新時代。1980 年代初，更多的年輕人穿上奧莉花紐頓莊（Olivia Newton John）在歌曲 *Physical* 的裝束，跳起健體舞來。運動的選擇太多，年輕人會挑時髦的還是傳統的？即便是武術，新興的柔道，空手道和跆拳道，有整齊制服、完整的課程和考試制度，還有國際比賽的規格，看來亦更為吸引。

說到底，講武術就得有英雄地，擂台是較量的好地方。1973-74 年，香港國術選手征泰，結果不符眾望，開始有人批評國術的訓練方法和實戰作用。1981 年 4 月，美國職業空手道拳手訪港，又在半表演性質的比賽中技壓香港國術擂台名將。之後更霸道的泰式格鬥興起，泰國拳師頻頻來港作賽，橫掃香港擂台。國術無用武之地，擂台上未見上風，之後應該何去何從？

武俠電影步向式微

發揚武術並非投資者和一般電影工作者的使命。李小龍死後，他們用盡了功夫電影的剩餘價值，捧紅了幾個演員。然而，其他類型的動作片一樣可以賣個滿堂紅。七十年代後期出現了各式各樣的

動作片，帶給廣大觀眾不少娛樂和回憶，但它們不再是武術的載體。劉家良以他的電影，在這時代逆流而上。

著名導演楚原（1934-2022）改編台灣新派武俠小說家古龍的作品拍成的新派武俠片，挽救了他個人因為所拍的文藝片連年失利而一度衰頹的事業，也令沉寂一時的刀劍片再現生機。[18] 1976 年，古龍原著、楚原導演的《流星·蝴蝶·劍》在台灣打破了賣座紀錄，之後在香港也取得佳績。直至 1986 年邵氏停產，楚原共拍攝了近二十部根據古龍小說改編的刀劍類武俠片，1977-78 這兩年間尤其多產，包括《天涯明月刀》（1977）、《白玉老虎》（1977）、《三少爺的劍》（1977）和《蕭十一郎》（1978）等。靠這些電影積累起來的票房，楚原贏得「楚千萬」的稱號。楚原的影片以古龍小說中奇詭的懸疑推理故事作為藍本，配合精美置景、細緻造型和複雜情節，將刀劍片帶進新境界。[19] 其他導演如孫仲和牟敦蒂等也紛紛效仿，拍攝了與之風格相近且同樣是改編自名家武術小說的新武俠片，如《笑傲江湖》（1978）、《冷血十三鷹》（1978）等，為古裝刀劍武俠片帶來短暫的復興。[20]

楚原的武俠片雖然充滿刀光劍影，但是武術的展現卻並不殘忍暴力，反而是虛幻縹緲、濃艷唯美的。楚原的指定武術指導唐佳，出身北派武師，也曾和劉家良合作，對武術和戲曲舞台都有獨到了解。唐佳能為古龍筆下超凡脫俗的武林高手如楚留香、陸小鳳和傅紅雪等，設計符合人物性格和氣質的打鬥動作。如《流星·蝴蝶·劍》中冷酷的殺手在柔美悠遠的琴聲和幽靜艷麗的花園中大開殺戒，暴力的氛圍如同煙霧般散開。同時場面注重自然和快捷，幾招內定勝負，絕不死纏爛打。例如《三少爺的劍》中，「劍聖」燕十三一邊與六名高手對戰，一邊口中念數，當他年到第十三時，六名高手均已敗亡。

楚原的這種武俠片風格對後來的香港動作片影響不少，如徐克早年的動作片中便有楚原風格的影子。[21] 但歸根究底，楚原講求的是視覺效果，而非真功夫，所以縱有狄龍、姜大衛等擔任主角，電影中飛簷走壁的特效仍多於真刀真槍的惡鬥。

許冠文一向被視為喜劇巨匠，擅長以香港基層小人物的眼光嘲諷時弊，實際上其胞弟許冠傑也精通空手道，[22] 所以兩人早期的作品如《半斤八兩》（1976）和《摩登保鑣》（1981）都有很多動作場面，[23] 說他倆是喜劇動作化的先驅並不為過。許冠文是聰明人，知道其他地區觀眾無法理解他的電影中的地道廣東用語和當中的笑點，於是增加電影中的動作元素，讓人一看就想笑，就如荷里活早期的無聲喜劇，用瘋狂的追逐、打鬧、自食其果的惡作劇等製造笑料。後來許冠傑加盟新藝城電影公司，更將喜劇動作精巧化。[24]

新藝城是香港八十年代主要電影公司，由黃百鳴、石天、麥嘉幾位一同創立。[25] 麥嘉認識荷里活的製作模式和行銷策略，與 1977 年從美國回港的電影人徐克十分合拍，1982 年以「007」系列為藍本製作《最佳拍檔》，大受歡迎。該片是高成本製作，演員打扮時尚，出動名車和直升機，也有不少新型武器，笑料密集，叫觀眾目不暇給。[26] 穿插其中的打鬥，不再是拳來腳往的真功夫，而是靠即興發揮和捉弄對手吸引觀眾。[27]

其實李小龍早在《猛龍過江》裏已經加入喜劇情節，描述主角到外國因人生地不熟，又不懂外文而笑話百出。但是喜劇情節畢竟只是李小龍電影的點綴，1980 年代冒起的功夫喜劇的主導人物正好是曾經參演李小龍的《龍爭虎鬥》的洪金寶，以及最終擺脫李小龍影子的成龍。

洪金寶自幼隨北派名師于占元學藝，身手靈活，加上他勤力用功，其他門派的武功也演練得非常出色。[28] 在 1970 年代，他已經以

配角的身分參演《中泰拳壇爭霸戰》（1974）、《艷窟神探》（1975）、《少林門》（1976）和《密宗聖手》等電影，亦負責部分的武術指導工作。1977 年洪金寶自導自演、身兼武術指導的《三德和尚和舂米六》，集合功夫、諧劇、雜技、少林傳奇和廣東的鄉土俗趣等於一體，開啟了香港功夫喜劇的先河。1981 年之前，洪金寶的電影仍然有以戲論武的意圖，《贊先生與找錢華》（1979）和《林世榮》（1979）等片，講的是香港人認識的洪拳和詠春拳的人物和故事，《敗家仔》（1981）除了再次認真介紹詠春外，更揭示功夫的實用性，批評門戶之見，大有向李小龍致敬之意。為拍此片，他還特意向當時著名的電影製片人兼詠春高手黎應就學習詠春半年。**29**

　　1978 年袁和平導演的《蛇形刁手》和《醉拳》不但令嘉禾苦心栽培多年無成的成龍吐氣揚眉，而且真正掀起功夫喜劇的熱潮。這兩部電影中的人物，動作富於雜技喜劇感，加上花樣百出的練功過程，被奉為香港功夫喜劇的經典之作。成龍就靠這兩片晉身一線演員，後來更成為國際巨星。《醉拳》大獲成功之後，香港影壇即時功夫喜劇氾濫。**30** 但這些以民初為時空背景，講述頑皮成性的功夫小子拜師學藝最後懲惡鋤奸的影片，很快就令觀眾厭倦。洞悉先機的洪金寶和袁和平將靈異元素引入功夫喜劇片之中，拍攝了《奇門遁甲》（1982）和《人嚇人》（1982）等片。後來洪金寶又在《奇謀妙計五福星》（1983）把功夫喜劇放回現代社會的場景，盡情搞笑。成龍在完成《師弟出馬》（1980）後也開始嘗試不同題材，先後推出大受歡迎的「A 計劃」系列（兩集，1983、1987）和「警察故事」系列（四集，1985-1996），加進警匪橋段，大搞飛車、驚險和爆炸各種特技。**31**《快餐車》（1984）和《飛龍猛將》（1988）更是走向世界，移師西班牙和美國取境之外，還請來美國著名搏擊手——「噴射機」賓尼（Benny Urquidez）壓陣。

功夫喜劇是七十年代末至八十年代初最具號召力的香港電影片種，然而功夫喜劇製作完全是商業化操作，當中的功夫更像是高難度的武術表演，與七十年代初李小龍式的真功夫片相距甚遠。[32] 到後來的靈異、「福星」和警匪動作片，已經和有門有派的中國武術脫鈎，功夫喜劇全面過渡至動作喜劇。

中國武術淡出蓬勃的香港電影業之時，劉家良卻以一系列的少林、武術和黃飛鴻電影重構中國武術的現代價值。1974 年他結束和張徹的合作，從台灣回到香港重投邵氏。在 1975 年首先拍了一部諧趣電影《神打》，之後製作一大批正宗的功夫電影，包括《陸阿采與黃飛鴻》（1976）、《洪熙官》（1977）、《少林三十六房》（1978）、《中華丈夫》（1978）、《瘋猴》（1979）、《少林搭棚大師》（1980）、《長輩》（1980）、《洪文定三破白蓮教》（1980）和《武館》（1981）等。他用電影講武德、講傳統、講師徒承傳，也講以武術正人心，明顯要在一個工業化、傳統流失、娛樂至上的社會中，重新建立武術的典範。他的電影瀰漫着對武術傳統的依戀，以及將「崇敬的傳統記錄與保存下來」的意圖。[33] 例如《洪熙官》、《少林三十六房》和《洪文定三破白蓮教》再次重塑少林武術及其種種傳奇。

綜合劉家良的其他作品，我們更能完整地看到他用現代的電影技術展現他堅持的武術世界。[34] 在接受訪問時，被問到何謂「武德」時，劉家良說：「講，是沒價值的，要想知何謂武德，睇我劉家良的電影便會知道。」[35] 在他的武館世界裏，傳統的師徒關係是重要一環。雖然師徒關係並不對等，但到晚年劉家良對此仍津津樂道：「我們學過功夫的一般叫徒弟，不是學生，現在叫學生。比如我收你做徒弟，你就永遠是我徒弟，一天為師終生為父，這是我們南派的宗旨。」[36] 師父傳授的，不只是武術，還有潛藏其中的人倫關係和各種禮儀。《陸阿采與黃飛鴻》中陸亞采不斷提升黃飛鴻的武功，到黃

飛鴻有成時，卻教誨他要以德服人，少逞強，多懷寬恕之心。劉家良後來解釋：「退一步馬上就海闊天空，不一定要把對方打死，你沒有打死他而是把他扶起來，他就會永遠都幫助你，我看到很多英雄都是這樣的。」[37] 劉家良明言，講武館規矩、師徒授業和以武德服人的《武館》一片是他最喜歡的電影。[38]《武館》中，武林互相尊重，遇有衝突，先講理，最後才動拳頭，而且打也打得君子，打的目的是平息干戈，化敵為友。《中華丈夫》裏面的中日武林誤會，最終亦在公平較技，惺惺相惜中得以化解。

只是，劉家良對武術的期盼，難容於講求利益、回報和管理的現代化商業社會。他這種一廂情願的堅持，正正顯示時代的改變和傳統的流逝。

東亞武術的競爭

據香港政府的估計，1974 年香港的中式武館有四百零五所，傳授其他武術的只十四所。[39] 然而，到了七十年代中期，其他東亞武術包括柔道、空手道、跆拳道和合氣道漸為人知，學習者也隨之增多，中國武術再非尚武港人的必然之選。

1960-70 年代，日本普及文化也間接讓港人認知日本武術。例如《柔道小金剛》、《柔道龍虎榜》和《柔道龍虎鬥》憑着 1964 年柔道列為奧運項目的威勢在港播映，引起港人對日本武術的注視。在大行其道的武俠電影中，先有精通柔道的香港演員馮毅頻頻亮相六七十年代的黃飛鴻電影，繼而有鄧光榮、倉田保昭和梁小龍等港日空手道高手加入電影圈。李小龍腿功震驚全球，連帶以踢擊著名的韓國武術跆拳道和合氣道（Hapkido）也突然吃香，一批韓國宗師如黃仁植、池漢載和李俊九成為香港武打電影的生力軍。一下子武

林熱鬧非常，但身處其間的國術，位置卻不如從前顯眼。

其實在戰後香港，上述東亞武術已經在有心人士推動下慢慢扎根。

日本武術

柔道前身為柔術，是日本國粹之一，適用於格鬥與戰場。十九世紀末，嘉納治五郎（1860-1938）綜合研究各流派的柔術後，發展出合乎體育宗旨的新法式，改名為柔道。[40] 之後柔道日趨制度化，也發展出完整的升段評審和考核制度，並有清晰比賽裁判條例。[41] 1911 年柔道在日本被正式列為學校體育課程之一，由 1930 年代開始逐漸傳至國外。[42] 1952 年國際柔道聯合會正式成立，當時共有十九個國家參加。[43] 1964 年第十八屆東京奧林匹克運動會上，男子柔道更成為正式比賽項目。[44]

柔道在早年香港，只有一些日僑或旅日華僑學習。日治時期的 1940 年，莫理素健身院開始附設柔道班，[45] 吸引了一批外國人參加，日本軍人也在節慶期間，當眾表演過柔道、相撲和劍道等，算是給了普羅大眾一個初步印象。[46] 到了 1960 年，電影和柔道兩棲發展的馮毅及一些外籍人士在西青會合辦柔道班，為華人提供學習柔道的機會。[47]

在相約時間，盧國昌大力支持南華體育會設立柔道部，並聘得蔡德培（1920-2016）出任教練，有規模的柔道場館得以持續發展。[48] 蔡德培的大弟子郭有義是中文大學聯合書院的校友，讀書時已大力推廣柔道。[49] 1964 年對柔道有濃厚興趣的國術界前輩管福祥（？-1983）創立遠東柔道會。同一時期，蔡德培也在南華體育會設立柔道部。[50] 1965 年九龍明愛中心設立柔道班，柔道開始在香港開展有系統的培訓和推廣，其後各個青年中心均紛紛設立柔道班。[51] 1966 年岩見武夫（曾是日本學界摔角冠軍）在港設立香港柔道館，拉開了日本人在香

1970 年 9 月 17 日，《工商日報》報導了
香港柔道協會成立典禮的盛況。

港正式設館授徒的歷史新一頁。[52] 1970 年，各柔道組織為了共同推廣
柔道，聯合組成了「香港柔道協會」。[53]

　　歷史源遠流長、流派甚多的空手道，顧名思義強調徒手搏擊，
殺傷力極大。空手道在六十年代開始在港流行，剛柔流、松濤流、
糸東流和極真空手道的徒眾甚多。

　　原田注（生卒不詳）最早在香港教授剛柔流空手道。當時他在
香港大丸百貨公司工作，工餘時候常在維多利亞公園獨自練習空手
道，後來受到賞識，獲邀到世界健身會開班授徒。[54] 在 1960 年代中
期，剛柔流鈴木正文（1929-1991）培養出一批出色的香港空手道
家，包括李錦坤，他們開始在香港傳道授業。[55] 早於 1965 年剛柔
流的日本正武館已在灣仔建立分館，之後鈴木正文多次來港，包括
1967 年 8 月 8 日來港表演和主持考試。[56] 1969 年 4 月 30 日更有一
行三十人來港訪問表演，[57] 之後剛柔流在港便廣為人知。

1969 年 5 月 1 日，《華僑日報》報導了一行三十人的日本正武館武術家來港訪問和表演的消息。

　　香港國際松濤館空手道會（S.K.I.H.K.）在香港建會超過四十三年，作為香港的松濤館空手道場更已經超過五十年歷史。[58]該會前身香港日本空手協會於 1971 年成立，附屬於當時的日本空手協會（J.K.A.）國際部，[59]當時創會道場設在跑馬地香港足球會（HKFC）舊址。[60]其後一些本地華籍空手道愛好者亦相繼加入，日本總部有見及此，派浪方賢一從大阪市來香港出任首位駐港總教練，負責教練職務。[61]香港日本空手協會於 1973 年的週年大會的一次歷史性改選，產生了以華人為主的執行委員會，並推選郭志權出任主席一職至今。[62] 1976 年南華會的松濤流空手道班只有二十二個學員，一年後已有一百一十九人。[63]

　　糸東流空手道於 1968 年開始在香港發展。[64] 1973 年在何文田官立中學設立道場，由吳天賜任教，該會前會長孔憲偉亦是當時的首批學員之一。[65] 1975 年，其他資深成員，包括梁伯偉、黃家棟和梁伯祺亦相繼加入該道場練習。[66]及後，該道場數度轉移練習地點，包括賽馬會官立工業中學、廉政公署和觀塘官立工業中學。[67]今天教學地點遍及紅磡、馬鞍山和灣仔。

「極真空手道」是全接觸空手道的源頭及代名詞，由已故總裁大山倍達（1923-1994）於 1965 年所創。[68] 它保存了「型」的練習，並以精良嚴格的訓練，將空手道最實用及最具殺傷力的一面充分地表現。[69] 香港極真會館於 1996 年正式成立。[70]

全日本空手道連盟總本部 正武館館長鈴木正文訪港

在本月八日日本正武館館長鈴木正文再從日本來港，往機場接機者計有世界健身會空手道部多人，據鈴木正文今次來港，全是視察世界健身會各學員練習情形，有否進步，並再次為該館各員生升段考試，已決定十一日在九龍太子道二佰一千號二樓香港柔道館作升段考試，並作示範表演。據鈴木正文云：他本人在日本京都巳建立一所規模宏大的空手道場，現該館練習者有世界各國人士，達五萬人之多，並日本警察廳時把千五名警察，送至該館訓練。鈴木正文不僅是空手道八段，且其是日本劍道館柔道四段，和劍道二段，不過其對空手道特別有興趣，且極力推崇中國之武術，有出神入化之工夫，在四月以後會帶其弟子二十多人再次來港作盛大表演，到時一定訂令香港對空手道有興趣者二開眼界。

1967 年 1 月 19 日，《華僑日報》報導了日本正武館館長鈴木正文訪港消息。

韓國武術

在香港的各種東亞武術，論流行和普及程度，走向競技的韓國國技跆拳道可算數一數二。

韓國古代自有技擊的傳統，長時期也有從中國和日本的武術中吸收養分，[71] 今天的跆拳道於 1955 年由韓國將軍崔泓熙創立，「跆」指用腳踢，「拳」指用拳擊。[72] 在七十年代初期全世界跆拳道劃分為兩大組織，World Taekwondo Federation（WTF）及 International Taekwondo Federation（ITF），各自獨立發展。[73] WTF 走運動路線（Sporting Taekwondo 或 Scoring Taekwondo），練習方式及攻守動作以比賽得分為目標，比賽及搏擊禁止以拳攻擊頭部，於 1986 年新增為亞運項目、2000 年新增為奧運項目。[74] ITF 發展至今，仍堅持走戰鬥武術路線，包括容許以拳攻擊頭部。[75] 國際級搏擊賽事中，選手不需佩帶頭盔及護身甲，只以輕盈拳套及腳套作護具，[76] 在歐美地區發展較普及。

得力於人稱亞洲跆拳道之父的金福萬的推廣，[77] 跆拳道於六十年代後期傳入香港。前南華會總幹事盧國昌在 1968 年創辦香港跆拳道青濤館，得韓國跆拳道協會會長金雲龍及韓國青濤館館長嚴雲奎共同支持，在港大力發揚跆拳道。[78] 1971 年及 1973 年，韓國總統府兩度頒發榮譽金牌給予盧國昌，表揚他對跆拳道的貢獻。[79] 其他致力在港發展跆拳道的，除青濤館教練郭在榮之外，還有程萬琦及張成峰等。香港跆拳道協會自 1967 年成立，是世界跆拳道聯盟（WTF）、亞洲跆拳道聯盟（ATU) 及中國香港體育協會暨奧林匹克委員會 (SFOC) 的會員，因此可直接選派合乎資格的優秀運動員代表中國香港參加世界性賽事，如奧運會、亞運會、東亞運動會、亞洲賽及世界跆拳道錦標賽等國際賽事。[80]

相約時間傳入的，尚有 1970 年開始發展的劍道、1971 年傳入

嚴雲奎先生訪港（盧國昌先生的女兒盧寶蓮女士提供）

的合氣道，加上已在中學、大學和西化社群立足的西洋拳和劍擊等，國術要維持優勢並不容易。

擂台上的新挑戰

說香港武術界固步自封也不公平。1973-74 年間兩次征泰無功，國術界人士對於種種批評並非無動於衷。

觀乎七十年代中期以後的武術雜誌，已開始有更多介紹全新訓練、世界不同武術及各地武術發展，顯示本地國術界努力和外界接軌。例如當時著名的國術雜誌《新武俠》1977-1980 年間的每期，都有介紹香港拳師到訪台北、北美洲以至內地的消息報導。1977 年第二百零六期就有詳細介紹當時剛剛崛起的美國職業空手道賽事。1979 年中國甫行改革開放，該刊即派人採訪南寧舉行的「全國武術觀摩交流會」，[81] 翌年又採訪廣東武術隊習訓，[82] 足見本地武術界不斷求開眼界。不少文章也開始注視和探究不同派別武術的特點和優劣，例如跆拳道、空手道和柔術。當中雖然偶有「中國技擊是世界武術的老祖宗，淵深偉大豈可企及，隨便一瓣玩死外人」之題，[83] 但求變的心態已清晰可見。

1979 年以《功夫雜誌》為名的新刊物，更以破除功夫的神話和門戶偏見為己任。1979 年創刊號由何師我寫的文章名為〈傳統狹隘思想，停滯心智，阻礙發展，提供正確實際途徑，協助你成為高手〉，[84] 講的是肌肉鍛煉、柔軟度、帶氧運動和熱身運動等，取態和訓練方針與傳統武術不盡相同。第三期由龍吟撰寫的〈國術追上時代，方可免被淘汰〉，[85] 頗有武林告急的姿態。之後每期都有介紹跑步、抗打、飲食習慣的文章。該刊更經常大肆抨擊種種武林傳聞和惡習，例如第六期〈略談武壇目睹之怪現象〉，狠批「有師皆名，

街頭多多」、「師兄出手，師父飲茶」、「為應所求，穿鑿附會」、「徒怨不教，師責不學」等各種武壇劣行。[86]

在實戰搏擊方面，1970 年代的國術擂台還是主流。當時的比賽聖地是旺角的伊利沙伯體育館，今天旺角染布房街火車路旁的麥花臣室內場館。每次比賽，經過挑選，戴頭套和護甲的年青習武者在無繩矮台努力作賽，場數有時多達二十多場。

1981 年 4 月，美國職業空手道人士訪港，大大衝擊了香港武壇。傳統套路精細，講究禮儀和心靈修煉，但同時殺傷力強大的日式空手道，在傳入美國之後，經改良而逐漸走向競技化。就如比斯利（Jerry Beasley）所說，美國化後的空手道，保留了傳統法度的拳打、腳踢和一些纏鬥元素，但同時取材現代的 "kickboxing"，務求強化擂台搏鬥以至實戰的效能。[87] 參演李小龍的《猛龍過江》而廣為人知的羅禮士，開先河將其他武術如跆拳道融入空手道，所以在 1960 年代，橫掃半接觸的空手道比賽。[88]

在 1974 年，美國職業空手道聯會（Professional Karate Association, PKA）成立，創立新的賽制，令空手道有更新的發展。新的賽制部分參考西洋拳比賽，以磅數分級，在有繩擂台上作賽。每場比賽五至十二回合，每回合兩分鐘，作賽者須戴上拳套和腳套，可以拳打腳踢，但禁止膝肘攻擊、摔撻、纏扭及踢擊腰以下的位置。因為不少拳手由西洋拳轉投空手道比賽，可以靠拳擊的技術優勢取得勝利，所以又有每回合雙方均須出腳過腰至少八次的怪例。[89] 作為競賽，美式空手道比賽頗有觀賞性，拳手的實力雖然未能和泰拳手相提並論，但和日本踢拳道選手的對賽卻經常佔到上風。著名的「噴射機」賓尼威震日本，其他的拳手如李維士（Joe Lewis）、史東（Mike Stone）、華萊士（Bill Wallace）亦名重一時。他們訪港和香港國術拳手對賽，可算是別開生面。

中國搏擊賽
發展簡史

一九七九年秋遼寧省沈陽舉行的全國民間武術觀摩交流會上，第一次舉行了全國散手（亦即自由搏擊）的試驗賽，參加單位只有北京體院和武漢體院，但各省都派了教練和運動員去觀摩、學習，此次試驗賽只是一次實識，故此規模不大。

一九八一年冬在北京召開全國武術會議，初步制定了散手比賽的規則。

一九八二年在北京再次召開了散手規則的討論會，由各隊的選手進行實戰性交手，但不是比賽，並在原有的規則上進行了修改。

一九八二年冬在北京舉行了全國散手表演賽，參加單位有北京、河北、山東、山西、廣東、河南、浙江、陝西、北京體院、武漢體院等單位。

一九八三年五月，在江西省南昌市舉辦了第二次全國散手表演賽，參賽單位有山西、浙江、廣東等十個省份，共有四十多人。

漸上軌道

以上兩次比賽，其性質還是屬於試驗性的，它的規則較不全面，它規定設有戴頭盔允許擊頭組和不帶頭盔不許打擊組，並各分設七個級別，但比賽不計名次，只評出優秀運動員。

今年六月在山東省濰坊市舉行了全國武術對抗項目比賽，此次比賽正式計取名次，並只戴頭盔允許打頭一類。

也分有七個級別，每隊可派二人以下的造手參加同一級別的比賽。

參加今年比賽的共有山東、陝西、上海、北京體院、武漢體院、河北、河南、廣東、浙江、遼寧、山西、甘肅等十三個單位的七十個選手。

其中成績最好的是山東隊，獲得了七個級別中的三個冠軍，山西、廣東、遼寧、武漢體院各獲一個冠軍。

明年的全國武術對抗賽將於八五年五月在山西省太原舉行。

《功夫雜誌》介紹了中國搏擊賽的發展歷程

據《新武俠》和《功夫雜誌》的報導，來訪拳手以賓尼、當威遜（Don Wilson）和周比利名氣最大。比賽仍在無繩擂台進行，雙方曾因護具起過爭拗，但最後仍能達成共識。香港方面的拳手可算一時之盛，包括郭華強（迷蹤羅漢）、陳錦新（龍形）、唐志堅（太極）和冼林沃（大聖劈掛）等。雖然賽事帶有表演性質，多場比賽沒有判出勝負，而且香港業餘拳手和美國職業選手比較並不公平，但賽事確實反映國術拳手的不足，例如欠缺擊倒能力、體力不濟等。[90] 當中表現較佳的是郭華強和陳錦新，後來兩人都轉戰泰式比賽，更上一層樓。[91]

最令拳迷津津樂道的當然是江富德和賓尼之戰。江富德八歲起開始學習國術，之後又涉獵空手道、跆拳道及西洋拳。其後到英國接受艱苦的訓練，在比賽汲取經驗，更在全英公開賽中勇奪亞軍。[92] 面對強手賓尼，江富德雖然一直處於下風，但戰意和耐力卻贏盡口碑。[93] 江富德之後全身投入泰式擂台比賽，取得驕人成就，今天由他主理的富德拳館遍佈全港。[94]

對國術的更大挑戰來自泰拳。泰國雖有佛國之稱，但泰國人因歷經戰火蹂躪而養成尚武精神，泰拳（Muay Thai）就是在這樣的歷史需求中應運而生。[95] 泰拳據說成型於十五世紀前後，運用雙拳、雙腳、雙肘、雙膝來進行攻擊，是一種實戰性極強且威力巨大的徒手搏擊術。[96] 泰拳曾是軍事上禦敵制勝的銳利武器，在十九世紀受西方競技運動影響，逐漸規範化和體制化，拳手傳統以麻纏手，後來也戴上拳套。[97] 在泰國要以打出頭不容易，鄉鎮拳手十歲之前已經刻苦鍛煉，能立足曼谷拳場的，早已身經百戰，技術、體能、硬度和抗打能力，都不是一般習武者可比。在二十世紀成為廣受社會大眾喜愛的武術競技，今天在世界各地都非常流行。

～新伊館一英雄地～

陳 錦生勝鄭家明
兆佳贏郭華強
文義挫黃紹波

鄭家明潛質顯露
陳錦新攻勢猛烈

陳兆佳掌握良機
郭華強戰略錯誤

黃紹波負傷兇狠凌厲
陳文義負傷兇上陣

鄭家明勇抗強敵

郭華強未復光芒

《功夫雜誌》報導了不同門派拳手在擂台上較量的精彩內容

世界冠軍搏擊賽首晚賽事

職業拳手表現毫不突出
港將死纏爛打戰意旺盛

陳錦新勇非常，大戰加福

陳錦新勇抗加福
郭華強氣足力勁

郭華強與對手拚足三四合

馬雲景狂攻猛打
技術遜色無建樹

冼林煜氣力不繼
頭中擊血流披面

《功夫雜誌》報導了 1982 年 4 月舉行的世界冠軍搏擊大賽

富德拳館增設分館

短短兩年，富德拳館已在本港搏擊拳壇取得舉足輕重地位。

為應付館務發展向學員提供更佳訓練場地，該館除遷往彌敦道五五七號永旺行六樓A座外，更在灣仔莊士敦道一五九號四樓另置會址，以方便居於香港區的學員。

富德拳館之兩間館址，已於日前相繼開幕，相信在新館的更先進設備和更寬敞場地輔助下，富德拳館的學員，自能有倍加出色的表現及驕人表績。

《功夫雜誌》刊載了 1984 年富德拳館開設分館的消息

在香港泰拳界，已故的方野師父德高望重，不少人尊他為香港泰拳之父。[98] 他年輕時曾參加上海市體育學院拳擊、摔角及西洋劍各種武術活動，六十年代到香港發展，1966 年始創「泰國拳健身院」傳授泰拳，桃李遍佈全港。1968 年，在王羽的介紹下加入邵氏，[99] 拍過《千面魔女》（1969）和《獨臂刀王》（1969），之後又參演《蕩寇灘》（1972）和《潮州拳王》（1974）等獨立製作。[100] 方野加入影圈後，無心插柳地令泰拳更廣為人知，因此很多小生和演員都向他

學習泰拳，希望學得一招半式用在動作電影中。[101] 方野一生授徒不計其數，其中較具名聲的徒生包括坤青（徐家傑，著名泰拳教練，香港拳擊總會永遠榮譽主席）、[102] 解元（空手道冠軍，前香港泰國拳總會教練）、[103] 蘇興成（拳擊冠軍，七十年代拳擊冠軍，香港鐵虎拳館教練）、[104] 徐保昌（披昌泰拳館始創人）[105] 和黃寶鋒（世界泰拳研究會專家團隊）等。[106] 另外於八十年代初，他也曾在香港主辦泰國拳賽。

論在香港推廣泰國拳賽，就不能不提蘇龍。蘇龍原名蘇世龍，海豐汕尾人，十四歲來港，十八歲學南北少林拳，二十八歲到彌敦道一間拳館跟解元學泰拳。後來他在大角咀區開設了第一間有規模的「大和搏擊會」。八十年代，他舉辦無數泰拳賽事，令泰拳深入民心。

1982 年香港舉行了幾場日泰拳師對賽，引起了轟動。《新武俠》的報導也說：「只有泰式拳擊堪稱完全自由」、「大賽一再證明泰拳實戰威力」、[107]「國際性賽事此起彼伏，只有泰拳手技藝最可觀」。[108] 那時候兩家電視台都有體育節目錄播在港舉行的賽事，一時間年輕人都講得出「通天膝」狄西蓮、「飛將軍」沙瑪、「千勝將軍」濟碧、「潮州狂龍」龔柏、「泰南黑虎」派日林、「野豬」沙地等過江龍的名字。這些泰拳手的水準和地位不一，但與一般的日本、香港以至歐美拳手對賽，卻是綽綽有餘。

香港仍有舉行國術擂台，也有穿着國術服飾的選手嘗試走上泰式擂台，[109] 並且取得佳績。大聖劈掛門冼林沃曾在 1983 年 3 月打敗日本拳王須田康德。同時有一批國術拳手，轉而接受泰式訓練，最著名的是梁海平和郭華強等。鐵虎國際拳擊會正是培養他們成長的溫床。

鐵虎國際拳擊會成立於 1975 年 3 月 11 日。香港泰拳名將陳文義憶述過其師吳鐵虎的點滴：吳鐵虎原名吳啟城，原籍福建，出生於台灣台南市，從小練習南少林太祖拳，一生堅韌不拔，永不言敗，充滿傳奇！四十年代台灣社會動盪，民生困苦，但求三餐一宿，在愛拚才會贏的生涯中，一雙鐵拳打天下，在道上吳啟城的名字，在台海東西兩岸已是名聲大噪！在盛名所累之下，不得不離鄉別井，遠走東瀛，別謀生計……他去到日本見到拳擊十分科學，他便苦練拳擊，由於他有深厚的武術搏擊底子，加上勤學苦練，他常以「鐵虎」名義報名出賽，不出數年即躋身日本職業拳擊界裏，戰績彪炳，並成為第一位進身職業拳壇位列高位的華人拳師，深受僑界拳迷欽佩，常以"TIGER" 尊稱而不直呼其名，並贈以「鐵拳無虛發，虎步有龍威」對聯，取首尾四字剛成「鐵虎發威」，可見日本拳壇對他推崇備至。[110]

　　鐵虎國際拳擊會最初以訓練西洋拳手為主。如陳文義的一眾名將出身國術，加入鐵虎後，先習西洋拳，再到日本和泰國訓練，[111]終於稱霸香港泰拳壇好一段日子。

　　總括而言，香港武術界對各種內部和外部挑戰並不是毫無回應，而是通過介紹、認識、理解，以至吸收其他武術的優點，融入傳統武術之中，以求取長補短、求變創新。

註釋

1　"Kung Fu Fighters-Oh, Where have all the students Gone?"，*Star*, 13 May, 1976.

2　同上。

3 Carol Jones and Jon Vagg, *Criminal Justice in Hong Kong* (London, New York: Routledge-Cavendish, 2007), chapter 11.

4 Subcommittee on Social Course of Crime, *Progress Report on Social Causes of Crime* (Hong Kong, 1974), p. 8.

5 Agnes Ng et al., *Social Causes of Violent Crimes among Young Offenders in Hong Kong* (Hong Kong: Chinese University of Hong Kong Social Research Center, 1975), chapter 8.

6 "Chinese Martial Arts," Hong Kong Public Record office, CID/TSB/CON 19/7/1.

7 'Report of the Working Party of Martial Arts, December 1974,' "Martial Arts Clubs and Schools", Hong Kong Public Records Office, HKRS-890-2-83.

8 "Martial Arts Clubs and Schools," Hong Kong Public Records Office, HKRS-890-2-83.

9 〈港督會同行政局 封閉一間武館〉,《華僑日報》,1980 年 4 月 12 日。

10 王庚武,《香港史新編》上冊（香港：三聯書店〔香港〕有限公司,1997）,頁 395。

11 莊重文,《香港工業之成長》（香港：三聯書店〔香港〕有限公司,1986）,頁 81。

12 劉蜀永,《簡明香港史》,（香港：三聯書店〔香港〕有限公司,2009）,頁 390。

13 張家偉,《六七暴動：香港戰後歷史的分水嶺》（香港：香港大學出版社,2012）,頁 202。

14 《香港史新編》上冊,頁 206。

15 《香港電視史話》,頁 150。

16 同上。

17 《香港史新編》上冊,頁 610。

18 易以聞,《寫實與抒情：從粵語片到新浪潮（1949-1979）》（香港：三聯書店〔香港〕有限公司,2015）,頁 381。

19 許樂,《香港電影的文化歷程 1958-2007》（北京：中國電影出版社,2009）,頁 60。

20 趙衛防,《香港電影史 1897-2006》（北京：中國廣播電視出版社,2007）,頁 244-245。

21 同上,頁 245-247。

22 〈本會背景〉,載於九龍空手道剛柔會網站 http://www.gojukai.org.hk/,〔瀏覽日期,2022 年 3 月 9 日〕。

23 趙衛防,《香港電影史 1897-2006》,頁 253。

24 蔡洪聲、宋家玲,《香港電影 80 年》（北京：中國傳媒大學出版社,2000）,頁 94-95。

25 黃百鳴以半自傳方式記述過新藝城的發展歷程,尤以其早年發展最為詳細。見黃百鳴：《新藝城神話》（香港：天地圖書有限公司,1988）。

26 同上,頁 21-26。

27 《香港電影 80 年》，頁 95。

28 香港電台電視部，〈英雄造時勢：洪金寶〉，《香港影武者》（2009 年 2 月 7 日）https://vimeo.com/131191914，〔瀏覽日期，2022 年 3 月 9 日〕。

29 《乘風變化》，頁 91-92。

30 《香港電影的文化歷程 1958-2007》，頁 68-69。

31 《香港電影史 1897-2006》，頁 323-324。

32 《香港電影 80 年》，頁 55。

33 大衛・波德威爾（David Bordwell）著，何慧玲譯，《香港電影的秘密：娛樂的藝術》（海口市：海南出版社，2003），頁 293。

34 Tom Cunliff 詳細分析來劉家良的拍攝技巧如何展示各種武術的內涵和武人世界的特色。見 Tom Cunliffe, "Lau Kar Leung", *Senses of Cinema*, Issue 100 (January 2022)：https://www.sensesofcinema.com/2022/great-directors/lau-kar-leung/〔2022 年 2 月 14 日瀏覽〕。

35 李焯桃編，《向動作指導致敬：第三十屆香港國際電影節節目》（香港：香港國際電影節節協會，2006），頁 55。

36 賈磊磊，〈中國武俠電影的正宗傳人——劉家良導演訪談錄〉，載於《當代電影》第 9 期（2013 年），頁 88。

37 同上，頁 88。

38 同上，頁 87。

39 "The Extent and the Nature of Different Activities and the General Terms of Martial Art," HKRS-890-2-83.

40 〈關於我們〉，載於中國香港柔道總會網站 http://www.hkjudo.org/aboutus，〔瀏覽日期，2022 年 2 月 13 日〕。

41 同上。

42 同上。

43 〈柔道知識：香港柔道〉，載於香港名望柔道會網站 http://www.mingmongjudo.org.hk/index2.htm，〔瀏覽日期，2022 年 2 月 13 日〕。

44 同上。

45 同上。

46 周家建，《濁世消磨——日治時期香港人的休閒生活》（香港：中華書局〔香港〕有限公司，2015），頁 68。

47 馮毅經常在關德興的黃飛鴻電影飾演日本柔道高手或北方摔跤能手，最著名的角色莫如李小龍《精武門》中的吉田館長。崔露芳師範受業馮毅先生，兩人師徒關係和馮毅先生對香港柔道發展的貢獻，可見〈關於我們：崔露芳師範〉，載於 CityU Judo Club

網站 http://www.cityujudo.com/about-us/master_tsui。之前有說柔道界的馮毅和電影界的馮毅是兩個人，大概不確。

<u>48</u> 關於盧國昌推動柔道發展的資料，由盧國昌子女盧鵬飛和盧寶蓮提供，謹此致謝。

<u>49</u> 見《聯合校友》，https://www.uc.cuhk.edu.hk/wp-content/uploads/alumni-newsletter/PDF/2012-0044_300.pdf，〔瀏覽日期，2022 年 3 月 6 日〕。

<u>50</u>《健民百年：南華體育會 100 周年會慶》，頁 197。

<u>51</u>〈關於我們：香港柔道〉，載於中國香港柔道總會網站 http://www.hkjudo.org/aboutus，〔瀏覽日期，2022 年 2 月 13 日〕。

<u>52</u> 同上。

<u>53</u> 同上。

<u>54</u>〈本會背景〉，載於九龍空手道剛柔會網站 http://www.gojukai.org.hk/，〔瀏覽日期，2022 年 3 月 9 日〕。

<u>55</u> 李錦坤，《館長親傳空手道》（香港：萬里機構出版有限公司，2010），頁 11。

<u>56</u>〈全日本空手道連盟總本部 正武館館長鈴木正文訪港〉，《華僑日報》，1967 年 1 月 19 日。

<u>57</u>〈三十位京都武士 日正武館武道家來港表演十三場〉，《華僑日報》，1969 年 5 月 1 日。

<u>58</u>〈香港國際松濤館〉，載於香港國際松濤館空手道會網站 http://www.skif.com.hk/zh-hant/content/%E9%A6%99%E6%B8%AF%E5%9C%8B%E9%9A%9B%E6%9D%BE%E6%BF%A4%E9%A4%A8%E7%A9%BA%E6%89%8B%E9%81%93%E6%9C%83，〔瀏覽日期，2022 年 2 月 3 日〕。

<u>59</u> 同上。

<u>60</u> 同上。

<u>61</u> 同上。

<u>62</u> 同上。

<u>63</u>《健民百年：南華體育會 100 周年會慶》，頁 202。

<u>64</u>〈簡介〉，載於香港糸東流空手道協會網站 https://hkska.com/?page_id=21，〔瀏覽日期，2022 年 2 月 13 日〕。

<u>65</u> 同上。

<u>66</u> 同上。

<u>67</u> 同上。

<u>68</u>〈極真空手道〉，載於香港新極真會網站 http://www.kyokushin.org.hk/about2.php?ID=1，〔瀏覽日期，2015 年 6 月 5 日〕。

<u>69</u> 同上。

70 〈香港極真會館〉，載於香港極真會館網站 https://kyokushinunionhk.wordpress.com/about/，〔瀏覽日期，2022 年 2 月 14 日〕。

71 Udo Moenig 整理了通行的各種文獻，仍不能斷定較古的「跆跟」（Taekgyeon）和「花郎道」（hwarangdo）武術傳統與現代的跆拳道一脈相承。見 Udo Moenig, *Taekwondo: From a Martial Art to a Martial Sport* (London: Routledge, 2016), chapter 1

72 馬文會，〈搏擊——既健身又防身的運動〉，載於《拳擊與格鬥》第 4 期（2008 年），頁 39。

73 〈跆拳道簡史〉，載於香港跆拳道聯會網站 http://www.hktf.org.hk/html/history.html，〔瀏覽日期，2022 年 2 月 14 日〕。

74 同上。

75 同上。

76 同上。

77 李威，〈亞洲跆拳道之父——金福萬〉，載於《功夫雜誌》第 14 期（1980 年），頁 50-58。

78 〈香港跆拳道青濤館之歷史〉，載於香港跆拳道青濤館網站 http://www.chungdo.org.hk/Home.htm，〔瀏覽日期，2022 年 2 月 14 日〕。

79 同上。

80 〈本會簡介：宗旨及目標〉，載於香港跆拳道協會網站 http://www.hktkda.com/hk/about/objective/，〔瀏覽日期，2022 年 2 月 14 日〕。

81 〈武術群英會南寧，記 79 年全國武術觀摩交流會〉，載於《新武俠》第 229 期（1979 年），頁 40。

82 〈中國武術何去何從，重視技擊兼顧套路〉，載於《新武俠》第 243 期（1980 年），頁 14-15。

83 《新武俠》第 229 期（1979 年），頁 51。

84 何師我，〈傳統狹隘思想，停滯心智，阻礙發展，提供正確實際途徑，協助你成為高手〉，載於《功夫雜誌》創刊號（1979 年），頁 36-38。

85 龍吟，〈國術追上時代，方可免被淘汰〉，載於《功夫雜誌》第 3 期（1979 年），頁 32。

86 龍吟，〈略談武壇目睹之怪現象〉，載於《功夫雜誌》第 6 期（1979 年），頁 36-38。

87 Jerry Beasley, *Mastering Karate* (Champaign, Ill: Human Kinetics, 2002), p. 20.

88 同上，頁 25。

89 關於美國職業空手道的歷史和賽例，參考 "Not Just A Lot Of Kicks," *Sports Illustrated*, 24 January 1983，http://www.si.com/vault/1983/01/24/625116/not-just-a-lot-of-kicks。

90 〈功夫副刊〉，載於《功夫雜誌》第 20 期（1981 年）。

91 郭華強當日表現，可在網路上看到，載於 YouTube 網站 https://www.youtube.com/watch?v=8WFqKEXWYgE，〔瀏覽日期，2022 年 3 月 7 日〕。

92 〈創辦人〉，載於富德拳館 KF1 網站 https://www.kf1-hk.com/about_3.php，〔瀏覽日期，2022 年 3 月 7 日〕。

93 兩人對戰的視頻，可在網路上看到，載於優酷網站 https://www.youtube.com/watch?v=MyH7S9-YGBw。

94 〈聯盟會分布圖〉，載於富德拳館 KF1 網站 https://www.kf1-hk.com/about_4.php，〔瀏覽日期，2022 年 3 月 7 日〕。

95 董子紅，《泰國拳：精解泰拳絕命技》（北京：北京體育大學出版社，1994），頁 1。

96 陳國榮，《泰國拳》（台北：大展出版有限公司，2000），頁 12。

97 同上，頁 18。

98 〈香港泰拳先驅──方野〉，載於 HK01 網站 https://www.hk01.com/%E6%AD%A6%E5%82%99%E5%BF%97/122080/%E9%A6%99%E6%B8%AF%E6%B3%B0%E6%8B%B3%E5%85%88%E9%A9%85-%E6%96%B9%E9%87%8E，〔瀏覽日期，2022 年 3 月 7 日〕。

99 《香港工商日報》，1973 年 10 月 9 日。

100 〈方野〉，載於香港影庫網站 http://hkmdb.com/db/people/view.mhtml?id=3938&display_set=big5，〔瀏覽日期，2015 年 5 月 19 日〕。

101 《香港工商日報》，1973 年 10 月 9 日。

102 〈坤青簡介〉，載於坤青武泰網站 http://www.khuncherngmuaythai.org/05%20Frames/UntitledFrameset-1.htm，〔瀏覽日期，2022 年 3 月 7 日〕。

103 〈香港泰拳先驅──方野〉一文訪問方野的兒子方恒基，提到解元得方野推薦，參與拍攝李小龍主演的《死亡遊戲》，可見兩人關係匪淺。見〈香港泰拳先驅──方野〉，載於 HK01 網站 https://www.hk01.com/%E6%AD%A6%E5%82%99%E5%BF%97/122080/%E9%A6%99%E6%B8%AF%E6%B3%B0%E6%8B%B3%E5%85%88%E9%A9%85-%E6%96%B9%E9%87%8E，〔瀏覽日期，2022 年 3 月 7 日〕。

104 關於蘇興盛的資料較少，網上資料有說他在吳鐵虎栽培下拿過四屆沉量級冠軍，在已經取消的鐵虎國際拳擊會網頁中，有他任教的紀錄。

105 〈關於我們〉，載於保昌泰拳館網站 http://www.muaythai.com.hk/page.php?catid=10，〔瀏覽日期，2022 年 2 月 4 日〕。

106 〈黃寶鋒〉，載於世界泰拳研究院網站 http://www.muaythai100.cn/ProductDetail/1549503.html，〔瀏覽日期，2022 年 2 月 3 日〕。

107 〈泰日美韓高手爭雄〉，載於《新武俠》第 252 期（1982 年），頁 6-13。

108 〈國際性賽事此起彼複，只有泰拳手技藝最可觀〉，載於《新武俠》第 252 期（1982 年），頁 49。

109 參考〈八十年代（80）鄭光徒弟擂台比賽 1983〉，載於 YouTube 網站 https://www.

youtube.com/watch?v=WHyZiJxM8Jw；〈80 年代名將 - 舒國興癲馬〉，載於 YouTube 網站 https://www.youtube.com/watch?v=4P2MZ-1Gg0U。

<u>110</u> 江志強，〈陳文義師父之鐵虎師徒父子情〉，載於《頭條日報》網站（2011 年 8 月 12 日）http://news.stheadline.com/dailynews/headline_news_detail_columnist. asp?id=157837&section_name=wtt&kw=137，〔瀏覽日期，2015 年 5 月 18 日〕。

<u>111</u> 江志強，〈陳文義師父之念師恩〉，載於《頭條日報》網站（2011 年 8 月 19 日）http://blogcity.me/blog/reply_blog_express.asp?f=K2G7TEA6L8215037&id=317374&catID =&keyword=&searchtype=，〔瀏覽日期，2015 年 5 月 18 日〕。

06

新時代、新位置

　　1980 年代以後的香港，民風物貌的改變更是前所未有，經濟的興旺和 1984 年《中英聯合聲明》的草簽，映襯出一點迷惘。一個方圓一千一百平方公里的小地方，沒有天然資源，政治前途不明朗，就靠一個港口，一群刻苦耐勞、頭腦靈活的人們，一套行之有效的制度，在幾十年間發展成「亞洲四小龍」之一。[1]

　　1970 年代末期內地開始推行改革開放，為有待轉型的香港製造業帶來新機遇。本來勞動密集的輕工業，在香港已快走到盡頭。內地一下子提供的大量廉價土地和勞動力，讓香港商家絕處逢生，乘機大舉北上投資，繼續以他們的經營方式賺取財富。戰後出生的第一代已步入中年，無論是克勤克儉少有成就，還是投機取巧大有斬獲，他們的共同目標不離持續改善物質生活，特別是給下一代一個安樂窩和可以不斷累積的文化資本，並為自己晚年的生活做準備。

　　隨着 1984《中英聯合聲明》簽訂，香港於 1997 年回歸祖國已成定局。很明顯，「馬照跑、舞照跳」的承諾，無法令所有香港人都安心。政治現實無法改變，有人盡力賺取最後一把錢，想辦法移民去；有人選擇安於目前，享受現在；也有人堅信「中國好、香港好」，背靠祖國，前景一片光明。

　　不確定性無阻香港樓股雙旺的趨勢，九十年代的香港經濟熱火

朝天。這樣的年頭，武術傳統如何延續？改革開放之下，國內武術已經再次起步，香港的武術如何與之接軌？

社會經濟的大轉型

據報導 2010 年 4 月，香港最後一間天台武館關門，逝去的不但是一門武術、一個門派，也是一種獨有的承傳。[2]

傳統武術，難找容身之所，所見的只有舊區之中，間雜在連鎖店五光十色招牌之間的「XX 正宗」字樣。撤離天台，師徒到哪裏練拳、說武術源流和交流心得呢？

人口的迅速膨脹（1979 年人口接近五百萬）和香港新一代對生活水準的要求，導致私人樓宇需求大增，香港房地產建築業自 1976 年以後持續高速發展。[3]根據政府一份報告，儘管有 1984《中英聯合聲明》草簽和 1989 年「六四事件」的震撼，香港住宅指數 1980 年為 100，1992 年已上升至 316。[4]之後的科網股爆破、沙士疫情、雷曼風暴等完全難阻香港樓市升勢。一個位於新界，面積七十至九十九平方米的住宅單位，1990 年的指數為 100 左右，1999 年為 140，2019 年已達 271。[5]

具有悠久歷史的大型體育會或者少數擁有自置物業的武館，還可以較安穩地開班授徒。例如設館於油麻地彌敦道 298-306 號華豐大廈的香港精武體育會，還能按時傳授各式武藝，包括詠春、七星螳螂、白鶴、鷹爪翻子門、陳式太極拳、迷蹤羅漢、傅式太極拳和蔡李佛拳等。[6]除了傳授已久的少林拳和太極拳外，南華體育會也提供心意氣功班。[7]詠春葉準學會生徒眾多，會址穩站太子區。[8]

其他的只有另覓授武的模式，在公園授武或在體育館租用場地是相當典型的做法，可以比較有利控制成本。舉例說香港太極研究

會－顧青太極養生坊上課的地點包括香港公園、九龍公園、灣仔駱克道體育館等處；[9] 鴻勝蔡李佛黃志遠國術會的訓練班設於將軍澳寶康公園等。[10] 然而，上課時間變得固定且短暫，沒有了從前師徒在武館朝夕相對、共同起居的情味。另外，在公眾地方傳授對打、兵器和舞龍獅並不方便，有些武術班被迫刪減這類內容，部分的武術內涵難再傳授。

情況許可的話，師父還是會努力維持正式的武館，同時在不同地區成立教學點。一些成功的例子如趙學賢詠春拳會頗長時間在天水圍體育館、元朗體育館、屯門友愛體育場和九龍公園等地方授課，近年在新界元朗的拳館亦有相當的發展。[11] 陸志靈詠春武術學會立足深水埗，另外在香港灣仔駱克道市政大廈壁球場、九龍黃大仙竹園體育館壁球場和恆安村恆安體育館上課；[12] 其他如李潤添詠春拳術推廣學會[13] 和洪拳趙教一脈相承的洪拳學社都以類似方式營運。[14]

香港工業北移，政府鼓勵改變工廠大廈用途，無心插柳下給予武館重生的機會。南少林羅山派的徐志洪就與數名師兄弟合租一間荃灣工業區工廠的頂層、約一千平方的單位，成立「工廠武館」。他指出「工廠武館」「租金平、地方大，而且點嘈都唔會畀人投訴」，[15] 正正解決了之前公園、政府體育館以至舊式武館授武的問題。[16] 中國傳統武術研習社的麥志剛年來在港九新界不同地區的體育館教授洪拳，年前得從事電影業的徒兒 Bey Logan 之助，在長沙灣工業大廈開設武館，可以更方便教授獅藝和長短兵器。後來武館遷往葵芳，正名為「武藝館」。[17] 詠春梁相弟子鄭傳勳設館九龍觀塘工業區，開設有親子班和氣功班。[18]

早年南北武術在香港，頗賴大、中學協助傳播。今天看各大專院校，均有為數不少的武術班。如香港科技大學有詠春國術學會，

由葉準師父入室弟子彭耀鈞、盧德安創辦，至今已有逾十五年歷史。[19] 華藝精武武藝會李俊森亦在香港浸會大學授徒多年。香港大學學生會中國武術學會教練為林永傑和應芬芳，教授精武少林拳、內家拳和詠春拳。[20] 新亞國術會師承蔡李佛師父李冠雄，今天由鄺祖賢領導。[21]

香港中文大學新亞國術會（攝於 2015 年 4 月 28 日）

只是，其他東亞和西方武術，亦早已札根各大院校，彼此各有天地。同樣情況也在中學出現。香港中學總數超過四百間，從各校網頁所見，設有中外武術班或者有派同學參加公開武術活動和比賽的約三分一，當中跆拳道最為普及，柔道和西洋劍擊緊隨其後，獅藝班和各式中國武術班亦有相當數目，顯見中國武術與其他東亞和西方武術已成為年輕人各種課外體育活動中的一種選擇。

香港武術界努力迎接挑戰

1980 年代之後，面對運動、娛樂的多元化和外來武術的挑戰，中國武術在香港社會之中已經不如從前顯眼和受到重視。如何找尋新出路，繼續推廣和弘揚武術，成為香港武術界的首要任務。

首先，很多大型武術總會紛紛成立，並且開始開闢香港以外的市場，甚至擴展出很多海外分會，遍佈全球。眾多武林中人看中了海外龐大且未盡開發的市場，在各地設立分會、開班授徒，希望延續武術的影響力。

其次，舉辦和參加各種比賽，如亞運會、東亞運動會、世界武術錦標賽，抑或是本地賽事，目的是希望更多人能夠參與其中，享受比賽和一展身手。

最後，武術界人士為了將武術發揚光大，常常舉辦各種合作活動，例如和政府部門、中小學校以及其他部門合作，將武術推廣到各個階層和年齡層，擴大武術的受眾，使武術得以承傳。

門派的聯會多不勝數，詠春梁挺所創立的國際詠春總會在國際化方面頗為成功，「以香港為總部，在超過六十四個國家都設立了分部。」[22] 龍形國術總會和國際七星螳螂拳李錦榮國術總會亦活躍海外。

1965 年龍形拳林耀桂逝世，其弟子遵照其遺願成立龍形總會，

以便團結龍形拳弟子。林耀桂長子林煥光及次子林燦光聯同在港及海外弟子潘芳、鄺元、楊樹、邱昌、楊楠、李南、麥準、雷林、張耀泉、林俊興、林立基、徐耀祥、曹森、區彪、韓潤生、鄒福、林漢、劉誠、李發、陳昌、楊世源等奔走聯絡並籌募資金，1969 年成立龍形體育總會，會址最初設於彌敦道，第二年由執行委員會議決購置永久會所並搬遷至現時九龍旺角上海街 675 號 A 座 3 樓。會所內設置「耀桂堂」以作龍形弟子之總祠堂，共同團結並發揚龍形拳術。[23] 今天龍形海外分會遍佈中國內地、澳門、台灣、美、英、法、澳洲、加拿大、愛爾蘭、巴西等地。[24]

七星螳螂拳李錦榮國術會成立於 1972 年，1974 年成功申請得七星螳螂李錦榮國術體育會牌照。[25] 為了能夠在海外推廣發揚七星螳螂拳術，李錦榮請得梁挺幫忙拍攝印製英文版的七星螳螂拳書籍，並於 1980 年出版和發行到世界各地。[26] 從 1990 年代開始，李錦榮常往海外授拳，足跡遍及德國、英國、意大利、匈牙利、美國和法國等，今天學生廣見五大洲。[27] 他並且在美國推出七星螳螂拳傳統套路教學錄影帶，包括「崩步拳」、「大翻車拳擊」和「桃花傘對打」共三套錄影帶。2002 年七星螳螂李錦榮國術體育會易名為七星螳螂李錦榮國術總會。[28]

至於全港性的跨門派武術組織，舉其大者有成立於 1969 年的香港中國國術總會和成立於 1987 年的香港武術聯會。香港中國國術總會於 2006 年 9 月 1 日正式改名為香港中國國術龍獅總會，是康樂及文化事務署資助機構及中國香港體育協會暨奧林匹克委員會會員。現有本港及海外會員千多名，團體會員百多個。[29] 該會每年都會舉辦各種賽事及活動，推動本地武術發展，包括體育節—國術匯演、全港公開國術群英會、全港公開內家拳錦標賽、全港公開學界龍獅藝錦標賽、全港公開兒童國術分齡賽、全港公開夜光龍錦標賽、全

港公開龍獅藝錦標賽等。[30] 2002 年 3 月 31 日起還與康樂及文化事務署合辦「功夫閣」，逢週日於九龍公園舉行，每週均有不同的武術派別的師父到此表演功夫，吸引各界人士和遊客參觀。[31]

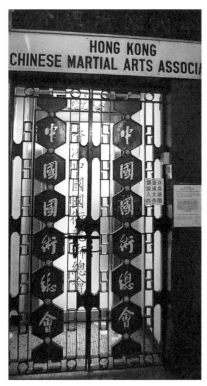

位於彌敦道的香港中國國術龍獅總會（攝於 2015 年 6 月 2 日）

香港中國國術龍獅總會牌匾及課程活動海報（攝於 2015 年 6 月 2 日）

九龍公園功夫閣（攝於 2015 年 6 月 7 日）

樹立於九龍公園功夫閣的志強武館的錦旗（攝於 2015 年 6 月 7 日）

香港武術聯會是香港業餘體育協會暨奧林匹克委員會、國際武術聯合會和亞洲武術聯合會的會員，會長霍震寰，另外八個副會長各有專職。針對本地需要，該會先後組織及參與了青少年武術普及訓練班、學校武術學會、區隊訓練、青苗武術培訓計劃、章別計劃、青少年武術訓練營、康樂及文化事務署體育推廣計劃（武術）、成人武術訓練班等。同時，每年都會舉辦全港公開武術錦標賽、全港公開青少年兒童武術分齡賽、新秀武術錦標賽、全港公開太極錦標賽、散手賽等，推動武術在基層的發展。另外，該會不但面向國際，積極培養和派遣運動員參加亞洲運動會、東亞運動會、東南亞運動會的比賽項目之餘，同時以大灣區為合作夥伴，共同發展各種項目。[32]

粵港太極擂台推手賽（攝於 2015 年 1 月 11 日）

位於彌敦道的香港楊式太極拳總會（攝於 2015 年 6 月 2 日）

　　為了積極強化傳統武術的技擊內容，香港武術界亦咸思改革，以求與時並進。1980 年代之後，擂台比賽已經是香港武壇生態的一部分。但是國術界一直批評拳套限制了一些門派招式的發揮，例如擒拿手或以短途發勁的拳路。1985-2003 年間，香港政府立例要求自由搏擊選手帶頭盔護甲作賽，影響及至泰式比賽。之後政府放寬限制，擂台賽事復蘇，但國術比賽仍然以頭盔護甲保護賽員。蔡李佛的曾憲權不斷改良訓練的方法和技巧，以求超越這些限制。例如將拳路改良為快而不浪費體力，多點虛實發勁；在鍛煉方法上，他們也參考並吸收泰拳及空手道的優點，取長補短。[33] 他說：「我們不介意吸收其他派別的長處。沙包以往本是訓練攻擊，參考泰拳，也用來訓練腳的硬度、挨打能力。而練習速度則聯繫吊包，一般體能訓練如屈腰、掌上壓，也加進課程內。」[34] 此外擂台訓練與套路訓練是分開進行的，「不能以套路去訓練速度和節奏，即使每日練一百次套路，對打擂台的幫助也只有一成。有些徒弟完全不學套路，也能得好成績。」[35] 為求進一步發揚傳統武術的搏擊精髓，曾憲權「於 2014 年底與幾位志同道合之士深入探討，並籌組成立香港搏擊聯盟（Hong Kong Fighting Union），同時匯集了將近二十多個團體為創會成員，為長遠推動搏擊運動共同努力，並期盼傳統國術擂台賽得以傳承發揚之外，更可與時並進，與世界搏擊比賽接軌」，[36] 年來已舉辦十多場大小比賽。

　　論健體養生，太極的功效獲中西醫學和運動科學的肯定。太極在香港的普及頗得力於政府與各太極門派的合作。1975 年，鄭天熊成立的香港太極學會與香港教育司署康樂體育事務部正式合作，開辦清晨太極班和太極師資班，以收費低廉、年齡不限、廣納學員為宗旨，結果一開班便大受歡迎，隨即擴展到各區。[37] 到了後期，香港太極總會獲授權發牌，不同派別的太極師父，包括楊氏、吳氏、

陳式、孫氏等都陸續開班授拳。康樂及文化事務署成立後，規定持有「太極家式資歷」證書的教練方可在其管理的場地教拳，而認可太極教練證書簽發的機構有四家：「香港太極總會（香港太極學會）」、「香港中國國術龍獅總會」、「北少林門龍子祥國術總會」，以及「北少林門顧汝章紀念總會」。現時早晚在各區公園都可看到有人練習太極。[38] 另外，香港太極總會 [39] 和香港陳式太極拳總會 [40] 亦經常都會舉辦大型的匯演。

各門各派，在國內沉寂大概不足三十年，不至於全無繼承人。學者 Daniel Miles Amos 近年在廣東做的各式訪談，顯示即便是在文革期間，小規模的私人鍛煉還是存在。文革高潮過後，廣東各處逐漸出現公園的集體演練。[41] 所以不少流傳香港和海外的拳種，國內亦有傳人，如洪拳譚敏、梁新和顏振華系；[42] 詠春阮奇山、招就和姚才系等。[43] 佛山蔡李佛鴻勝館今天亦有黃鎮江和何焯華等名師坐鎮。[44] 香港武林人士年來一直加強與國內同道的合作，應該能集結成更大的力量。

傳統武術與現代武術

中國 1970 年代末期的開放改革給予香港新的經濟發展動力，也讓那一代的香港人享受了一段不短的黃金歲月。但對香港的武術發展來說，與中國接軌卻是個複雜的過程。

1949 之後的近三個年代，中國內地的武術走向套路競技化，而且少與外界來往，香港成為承傳傳統武術的重鎮。1980 年代以後，中國政府以清晰政策與龐大人力物力，將國內行之已久的競賽武術推向世界，一下子得到各方極大關注。又名現代武術的競賽武術與重視技擊實戰的傳統武術理論上可以並存，但位列東亞運動會和亞

洲運動會競技項目的現代武術，較為易於推廣和被認受。中國政府的大力發揚，令香港的武林地位多少褪色。1990 年代開始，中國散打運動員重踏擂台，開始所謂兩條腿走路，在重要的國際賽事上慢慢取得成績，也令香港武術界面臨新的挑戰。

　　新中國建立以來，國內的武術一直朝競賽和體育方向前進。1949 年 10 月，中華全國體育總會第一屆代表大會在北京召開，武術名家張文廣（1915-2010）在會上發言說：「武術是我國的傳統體育項目，是中華民族寶貴的文化遺產，有着幾千年的歷史……為了更好地繼承與發展中華武術運動，需要武術界與體育界聯合起來，共同努力研究，使其能夠發揚光大。」[45] 研究武術和氣功，採用各種辦法將之傳授推廣仍是國家的重點項目。在實踐方面，要舉行全國性武術套路和技擊比賽，並建立共同認受的賽制。但傳統武術社群，因為和地方會、道、門、封建迷信以至民國地方政治有複雜的關係，更在建國之初混進諸如廣東和江西地區的反抗運動，所以之後受到逾十年的整肅。[46]

　　1956 年 4 月 28 日，國家體委頒佈的《中華人民共和國運動競賽制度的暫行規定（草案）》，初步規範武術比賽的形式和評審標準。同年 11 月 1 至 7 日，在北京、上海、河北、山東、河南、天津、遼寧、四川、湖北、浙江、陝西共十一個單位九十二名運動員參加的「十二單位武術表演」（其中一個單位因故未能參加）在北京舉辦，是次活動不分男女，分評選項目和表演項目兩類，分別進行拳術和器械的演練。採用十分制來評分，最終以拳術、器械成績最優的一項評獎。[47]

　　之後幾年，各省、市、自治區紛紛建立武術隊，一些業餘體校也增加了武術班，從而使長拳、太極拳和長短器械等競技武術套路迅速普及。1958 年，在國家體委領導下，中國武術協會開始着手制

1951 年 9 月 27 日，《華僑日報》報導了內地政府整肅廣東湛江武館人士的消息。

定新中國第一部《武術競賽規則》。原則為「武術競賽規則的制定應根據武術運動的發展和全國武術表演和比賽的實際，以武術比賽時的套路內容、動作數量、完成時間、動作技術標準等為主，進行統一；同時，參考競技體操規則，制定評分法。以長拳、短器械、長器械套路（自選、規定）為主要競賽內容。」這套規則最初仍以長拳（規定拳、自選拳）、長拳類短器械（刀、劍規定及自選）、長拳類長器械（槍、棍規定自選）為主，[48] 到 1960 年，又增加了南拳作為競賽項目，此後「長、太、南」為格局的競技武術套路競賽體系得以形成。

武術的內涵是技擊，但自武術競技規模建成以來，技擊的發展不如套路受重視。早於 1953 年，有份參與制定武術競賽規則的蔡龍雲（1928-2015）已經指出武術運動創始以來，始終是從「技擊」、「舞蹈」兩方面的綜合發展，實用與藝術不能偏廢。[49] 然而他的說法並沒得到和應。研究者指出 1961 年出版的高校教材《武術》指明「武術是以拳術、器械套路和有關的鍛煉方法所組成的民族形式體育。它具有強筋壯骨，增進健康，鍛煉意志等作用；也是我國具有悠久歷史的一項民族文化遺產」，故意排斥技擊的武術本質。[50] 文革期間，一度建議恢復搏擊訓練的賀龍元帥給打倒，人人忌談搏擊。1972 年北京北海公園和山東濟南舉行的兩次武術比賽，武術套路帶有濃烈的文革舞蹈色彩。回望這幾十年的武術發展，馬明達非常感概：「之後很長一段時間，全國武術比賽活動只是由二三百名專業隊員在『爭奇鬥艷』，運動員多數身材矮小，善於翻騰跳躍，不斷的翻騰出新的花樣，比賽的核心已脫離了武術的本質，而是在比誰跳得更高、翻得更多、花樣更精彩，還把這些東西美其名成為『難度』，號稱『質量高、難度大、造型美』。之後更發展至極致，緊跟『左風』，編出一大批『板凳破步槍』一類的『對打』；化了妝並配上音樂的單練和群練；以及『反修拳』、『語錄拳』等光怪陸離、莫名其妙的東西。理論上是批判『復古』和『封建主義』，批判『武術界的孔孟之道』。『規定拳』之類的在『文革』中曾風靡一時，成了與民間傳統武術相對立的『紅色武術』，於是被民間稱為『革命樣板拳』。『樣板拳』長期獨領風騷，傳統武術備受壓制。不但有很多原屬於『國術』範疇的內容消亡，就連套路也不能倖免，大量傳統套路也悄然消失，有些則在風氣之下逐漸衰變，變成一種徒有其名，似是而非的東西。」[51]

1977 年 8 月 1 至 12 日，文革後第一屆全國武術比賽在內蒙古

自治區臨河舉行，這次比賽採用最新修訂的武術競賽規則進行評判。比賽進行了集體項目、對練、長拳、刀術、槍術、劍術、棍術、其他單練拳術、其他單練器械、太極拳、南拳等競賽項目。1979 年 9 月，中華人民共和國第四屆運動會在北京舉行，武術是成年比賽項目之一，大會進行了規定拳術、自選拳、傳統拳術、傳統器械等項目。[52] 搏擊終於再被重視，1983 年版的教材《武術》中，武術有了新的定義：「武術，是以踢、打、摔、拿、擊、刺等技擊動作為素材，遵照攻守進退、動靜疾徐、剛柔虛實等規律組成套路，或在一定條件下按照一定的規則，兩人鬥智較力，形成搏鬥，以此來增強體質、培養意志、訓練格鬥技能的體育運動。」[53] 不過，國際上所得到的認可使套路競技為主的現代武術在中國長居主流。現代武術自 1990 年北京亞運被定為正式比賽項目，之後五屆亞運中中國一直是武術金牌大戶，在對手技術較次一等的東亞運動會，表現尤其優異。榮譽和利益所在，各省市的大中小學都有培訓和提拔競賽武術運動員的機制。

總結競技武術超過半世紀以來的發展和得失，馬廉禎歸納出五個好處：首先，專業化訓練提升了武術技巧的表演難度和整體水準；第二，武術運動作為體育競賽項目被納入國家體育管理體制，得到國家的政策支援和資助；第三，簡化和普及化太極拳、初級拳、初級刀劍、青年拳等套路，有益於武術的社會化發展；第四，培養出許多優秀運動員與教練員，並讓武術成為對外文宣的重要手段；最後，為演藝界輸送了大量如李連杰、于海、趙文卓、吳京等優秀專業武打演員。[54] 但同時，武術未能如跆拳道和柔道成為奧運項目，對某些人來說，「武術既不傳統，也不時尚，練不如看，看不如聽。」[55]

李夢華（1922-2010）也在 1979 年舉行的武術座談會上指出散手運動可以小範圍為試點，但一定要遵守「安全第一、積極穩妥」

的原則。1980 年 10 月，國家體委開始擬定《武術散手競賽規則》
（徵求意見稿），通過實驗修改，1982 年 1 月制定了《武術散手競賽
規則》（初稿），並且按照此規則在北京工人體育館舉行了首屆「全
國武術對抗項目表演賽」，全國近二十個省市派代表隊參賽，散手
運動正式在全國開展。[56] 張文廣開始着手編撰《散手拳法》一書，
希望讓廣大愛好者和運動員可以更好、更快地學習和掌握散手運動
項目的技術、特點及方法。他總結了長拳、查拳、形意拳等套路的
技擊方法以及拳擊、摔跤、擊劍、擒拿、短兵的技術方法，並結合
自己在武術、摔跤、短兵等方面的教學訓練和比賽心得，着重介紹
了拳法、摔法、刺法、拳法對練、奪匕首等技術，以及散手拳法的
戰術、教學與訓練內容。[57] 為了結合理論與實踐，1982 年起，每年
都舉行一次「全國武術對抗性項目（散手）表演賽」。

當時散手比賽會在平地上鋪一塊九米直徑的圓形地毯，或在軟
墊上鋪設帆布蓋單的場地上進行。比賽時戴拳套，要求穿戴護頭、
護胸和襠部護具。1985 年又增加了體操鞋和護腿板，其後又改為
「赤腳穿護腳背」，並增加了護齒。[58] 1988 年 9 月，在甘肅蘭州舉行
的全國散手擂台賽中，首次採用設擂台的比賽方式。至此，武術散
手作為比賽項目，已基本成型。[59] 以下一段引文，概括地道出散打
在之後近三十年的發展歷程：

> 1990 年，國家體委正式頒佈《武術散手競賽規則》和《武
> 術散手技術等級標準》，同時，指導散手訓練的教材《中國散
> 手》也問世。經過多年的實踐和探索努力，散手已經初步形成
> 並且逐步走向科學系統化的道路，實行的裁判員、運動員等級
> 制度，使武術散手正式走上全面正規化發展的道路。此時，經
> 過嚴格考核篩選，由國家體委批准並授予了第一批國家級武術

散手裁判員並批准了十四名散打武英級運動員。同年，在河南焦作召開了第一次全國武術散手工作會議，確定了散手運動的方向。1993 年，第七屆全國運動會將武術散手列為全運會正式比賽項目，設有男子團體一塊金牌，當時有十四個單位率隊參加，進入全運會正式比賽專案意味着散手進入了一個新的發展時期。1997 年，第八屆全運會設置的散打金牌數增加明顯，設有三塊金牌，並設大、中、小三個級別的比賽。2001 年第九屆全運會將金牌數量增加至六塊，將散打按照體重分為十一個級別。[60]

在 1999 年，散手正式改名為散打，護具只保留手套、護齒和護陰，武術散打以一個嶄新面貌出現。2002 年 7 月，經國際武術聯合會批准，第一屆武術散打世界盃在上海舉辦。[61] 近年，中國散打運動員經常與世界各國選手作賽，面對日本 K-1 和泰國職業拳手，也時有佳績。

中國武術重新上路，香港武壇也需適應。套路競技為主的現代武術和香港師父所知所授，是截然不同的兩回事。雖然受到不同的批評，但現代武術早已一躍而成亞運和東亞運動會的必然項目。搏擊非每人所好，在日常生活更少有機會施展，現代武術未必不是替代品。在 1980 年代，香港習現代武術的人數有限，移民香港的中國競技武術員獨領風騷。第一代的梁日豪和吳小清從 1990-98 三度出戰亞運，也能奏凱而回。之後為香港拿得獎牌的，仍是來自山東的耿曉靈、[62] 安徽的鄭天慧[63] 和北京的賀敬德[64] 等。耿曉靈和鄭天慧都已轉職香港武術隊教練，隊伍中成材的，如莫宛螢、[65] 楊千締及楊子瑩姐妹、[66] 羅芯濼、許得恩和楊頌熹等，[67] 卻已是香港成長的新一代。現代武術有一個更大、更國際化的舞台，足以吸引習者，

但傳統和現代武術真能免於競爭嗎？

現代武術成為國際競賽項目，是中國運動全球化和體育外交的重要一步。少林寺中外聞名，可以作為中外關係的切入點。1980 年以十七歲之齡演出《少林寺》一炮而紅、晉身國際巨星的李連杰可算少林寺的國際代言人。今天少林寺的隊伍常常四出表演，在各地建立企業，已成世界品牌，「自 1986 年開始，少林寺先後創立了少林寺拳法研究會、少林武僧團、少林寺紅十字會、少林書畫研究院、中華禪詩研究會、少林寺慈善福利基金會、少林寺孤兒院、少林藥局等文化、慈善機構。1998 年更成立『少林寺事業發展有限公司』，經營少林素餅和少林禪茶，並已經註冊了國內二十九大類近一百個商標，向一些社會企業特許授權使用『少林』商標。少林寺還設立了『河南少林寺影視有限公司』、『嵩山少林寺武僧團培訓基地』等。到如今，少林寺已有一百多人的大型僧團……」[68] 當然商業化的操作也引起不少批評。少林武僧可以參演周星馳的電影《功夫》（2004），擂台上出現背景神秘的一龍。當泰拳皇播求也與一龍一戰再戰之後，我們不得不承認少林功夫品牌的威力。[69] 也許認真的習武者仍可以不把少林產業當一回事，但黃飛鴻館已豎立佛山，葉問的故事也被重塑，武術傳統的話語權和詮釋權的爭奪還只是剛剛開始。

中國的散打賽事五花八門，尤其與外籍拳手的較量，結果有時引人疑竇。撇開造假的賽事不談，中國散打運動員能立足國際擂台的陸續有來。之前的柳海龍、近年的董雲飛和方便都顯示出相當的實力。張偉麗在 2019 年取得終極格鬥冠軍賽（Ultimate Fight Championship, UFC）草量級冠軍，在 2021 年中李景亮在 UFC 次中量級排名也升到第十一位。香港在泰拳和西洋拳兩個界別產生了好幾個地區和世界冠軍，當中泰拳手向伯榮和西洋拳手曹星如的成功

相當矚目，大家都期望背負名門正派的香港拳手有好表現。

面對更新式的武術形態

　　二十世紀六七十年代泰拳運動傳入香港，到八十年代進入第一個高峰期。但到了 1985 年，香港政府立例要求自由搏擊選手帶頭盔護甲作賽，使泰拳的吸引力大減，發展大幅回落，和歐美、亞洲以至中東的泰拳潮流形成強烈對比。全泰式的比賽成為職業拳師的最大挑戰，源自日本的 "kickboxing"、禁止肘擊的 K-1 賽事同樣吸引世界各地好手參賽。[70] 2002 年 4 月 7 日，韋基舜帶頭，與陳文義、冼林沃、蘇世龍、王堯慶、陳德興等一群搏擊運動人士成立了「香港泰拳理事會」，該會至今仍是全港唯一的泰拳發展監管機構，並不斷開辦教練班、裁判班培養人才。[71] 2003 年，在該會的努力爭取之下，政府容許泰拳手不帶頭盔護甲比賽，泰拳得以重生。香港泰拳手的佳績，以及泰拳和國內散打運動員對賽的宣傳效應，相當能引起關注。

　　1984 年周比利大戰江富德成為拳壇佳話，之後兩位先後成為泰拳運動在香港發展的推手。周比利自 1996 年開始設館授徒，[72] 江富德的拳館網頁有介紹他的授徒經歷：

92 年　成為首屆港澳泰拳聯盟主席

03 年　被委任為深圳武術協會副主席

04 年　被委任為香港泰拳理事會榮譽會長，並於 2001 年創
　　　　立 KF1 搏擊之王大賽孕育世界級拳王蔡東曉、向柏
　　　　榮，青少年業餘泰拳冠軍陳啟迪、胡耀祖，KF1 搏
　　　　擊之王的小拳王陳啟聰

05 年　創立富德搏擊聯盟會，其會員遍及世界各地（數萬計以上）

　　在香港，泰拳在舉辦賽事、爭取成績、參與國際盛事和建立新形象幾方面實在成功，於運動和商業上取得相當進展。格鬥是泰拳的基本屬性，擂台正是較量之地。過去幾年，各大拳館與泰拳理事會和商業機構合作，舉辦了各種大小賽事，並廣邀外地拳手來港比賽，頗能引起哄動。根據泰拳理事會的網頁，到 2020 年之前，各級賽事源源不絕，[73] 造就一些戰績彪炳、廣為人知的拳皇如陳啟聰、陳啟迪、杜恆霖、何國強、羅傑豐，吳景聰等。香港當然也有出色的女子泰拳手，在世界比賽上為香港爭光，例如曾慧英、趙凱茵、曾海蘭、郭海寧、姚婷婷、羅靜儀等。

　　從此衍生的是泰拳健體、泰拳瘦身各種產品，令原本對武術不怎麼熱衷的男男女女都動起手腳來。香港女多男少，女性經濟和消費能力不斷提高，對個人健康和外表十分重視，也認識到運動的好處。過去幾年部分泰拳館把泰拳變成消閒和健體運動，成功吸引女性參與，進一步改善泰拳形象。事實上泰拳運動可以燃燒大量的脂肪及消耗大量卡路里，而且適量的訓練不僅不會使肌肉變大，更能夠使身體線條變得緊緻，達到修身的效果。就如富德拳館永遠榮譽會長韋基舜說：「泰拳是全身運動，運動量大，所以成為時下辦公室女士減肥的一種妙方，就中環一些泰拳館而言，便有設立中午十二時至下午二時的女士時間專區，讓她們利用午膳時間進行打拳『瘦身』。泰拳也可讓上班一族有一個發洩內心不快抑鬱的機會，對身心有益。」[74]

　　順應潮流，很多泰拳館都開設了女子泰拳課程，泰拳名將向柏榮開的「榮拳館」，設有瘦身和技術兩類課程，前者顧名思義以減

位於灣仔的標拳館（攝於 2015 年 5 月 30 日）

肥健體為大前提，後者則會滲入泰拳技法。現時拳館約有八百名活躍學員，當中六成都是女性。女子「激瘦班」強調可以修肚腩、臀部、手臂「Bye bye 肉」，設計動作協助女士改善身形，收緊線條，對愛美的女士有極大吸引力。[75] 另一所「標拳館」，也有特定泰拳修身健體班。[76] 有教練說：「不少女性對學習泰拳的心態已有所轉變，以往會覺得是粗魯的行為，現在就會視為是『有型』及『好玩』的健美運動。」[77]

上面談到的 UFC，在 1993 年在美國初現，是綜合格鬥（mixed martial arts）的一個成功的全球性比賽。綜合格鬥允許雙方選手自由使用打擊技、摔技、鎖技、地板技對抗，規則靈活，少有限制。一般的參賽者都兼修拳擊、泰拳或空手道等打擊技，以及巴西柔

術、摔角或柔道等摔鎖技。這種比賽鬥智鬥力，要求極高，近年也廣受注目，在香港的巴西柔術館大幅增加。[78] 第一位本地綜合格鬥選手 Sasha 躋身 UFC 比賽後，[79] 繼之而來的是女將黃大菁（Ramona Pascual）。[80] 同樣地，不是每個學習綜合格鬥者都要成為職業拳手，所以拳館很多也以健體包裝，融合各種元素，肌肉鍛煉、瑜伽一應俱全，男女老幼，各得其所。

對照之下，中國武術最需要解決的問題就馬上顯露。說了千年的強身健體，能否講得如西方的科學訓練般清楚？講形象吸引，能否勝得過不斷推陳出新的新玩意？這些大概也是香港武術界還需改良的地方。

註釋

1　《香港模式：從現在式到過去式》綜合討論了香港上世紀成功的地緣、歷史、人文和制度因素。見呂大樂，《香港模式：從現在式到過去式》（香港：中華書局〔香港〕有限公司，2015）。

2　〈功夫傳奇：洪拳正宗〉，載於 YouTube 網站 https://www.youtube.com/watch?v=yLopVi9TYV4，〔瀏覽日期，2022 年 3 月 21 日〕。

3　方振鴻，《香港經濟概論》（廣州：廣東人民出版社，1987），頁 181。

4　彭文生，〈范尚禕：香港的物業指標〉，載於《香港金融管理局季報》（2004 年），頁 32。見 http://www.hkma.gov.hk/media/chi/publications-and-research/quarterly-bulletin/qb200403/fa4.pdf，〔瀏覽日期，2015 年 8 月 2 號〕。

5　Private Domestic - Average Rents by Class (from 1982), Rating and Valuation Department, 見 https://www.rvd.gov.hk/en/publications/property_market_statistics.html，〔瀏覽日期，2022 年 2 月 5 日〕。

6　見香港精武體育會網站 http://www.chinwoo.com.hk/load.php?link_id=141094，〔瀏覽日期，2022 年 2 月 5 日〕。

7　見南華會網站 https://www.scaa.org.hk/index.php/About/about_sections_detail/sID/31.html，〔瀏覽日期，2022 年 2 月 5 日〕。

8　見詠春準學會網站 https://www.ipchun.hk/，〔瀏覽日期，2022 年 2 月 5 日〕。

<u>9</u>　見顧青太極養生坊網站 https://www.hongkongtaiji.com/zh/time-table.html，〔瀏覽日期，2022 年 2 月 5 日〕。

<u>10</u>　見蔡李佛黃志遠國術會網站 http://choylayfut-hk.com/class/class_main.htm，〔瀏覽日期，2022 年 2 月 5 日〕。

<u>11</u>　見趙學賢詠春拳會網站 http://www.chiu-vingtsun.com/chi/index.htm，〔瀏覽日期，2022 年 2 月 5 日〕。

<u>12</u>　見陸志靈詠春武術學會網站 https://www.facebook.com/lclwingchun/，〔瀏覽日期，2022 年 2 月 5 日〕。

<u>13</u>　見李潤添詠春拳術推廣學會網站 http://wingtsun.org.hk/timmylee/course.html，〔瀏覽日期，2022 年 2 月 5 日〕。

<u>14</u>　見洪拳學社網站 http://www.hkhunggar.com/classes/，〔瀏覽日期，2022 年 2 月 5 日〕。

<u>15</u>　〈地大租平 遠離民居 工廠武館打到拆天無投訴〉，見《太陽報》網站（2006 年 3 月 8 日）http://the-sun.on.cc/channels/news/20060803/20060803015706_0000.html，〔瀏覽日期，2015 年 8 月 2 日〕。

<u>16</u>　見羅山派徐志洪國術總會網站 https://m.facebook.com/permalink.php?story_fbid=1445756868802218&id=887067181337859&substory_index=0，〔瀏覽日期，2022 年 2 月 5 日〕。

<u>17</u>　見中國傳統武術研習社網站 https://hungkuenhk.com/，〔瀏覽日期，2022 年 2 月 5 日〕。

<u>18</u>　見詠春鄭傳勳拳術會網站 https://zh-hk.facebook.com/pages/category/Martial-Arts-School/%E8%A9%A0%E6%98%A5%E9%84%AD%E5%82%B3%E5%8B%B3%E6%8B%B3%E8%A1%93%E6%9C%83-Wing-Tsun-Cheng-Chuen-Fun-Martial-Arts-Association-345258531797/，〔瀏覽日期，2022 年 2 月 5 日〕。

<u>19</u>　見科大詠春國術學會網站 https://www.facebook.com/ustwcsoc/，〔瀏覽日期，2022 年 2 月 5 日〕。

<u>20</u>　見香港大學學生會中國武術學會網站 http://www.cmaclub.hkusu.hku.hk/?page=class，〔瀏覽日期，2022 年 2 月 5 日〕。

<u>21</u>　見新亞國術會網站 https://www.facebook.com/newasiakungfusociety/，〔瀏覽日期，2022 年 2 月 5 日〕。

<u>22</u>　見國際詠春總會網站 https://www.leungting.com/international-wingtsun-association，〔瀏覽日期，2022 年 2 月 6 日〕。

<u>23</u>　〈首頁〉，載於香港龍形體育總會網站 https://www.dragonkungfu.com.hk/index.html，〔瀏覽日期，2022 年 2 月 6 日〕。

<u>24</u>　〈海外同門〉，載於香港龍形體育總會網站 https://www.dragonkungfu.com.hk/overseas.html，〔瀏覽日期，2022 年 2 月 6 日〕。

<u>25</u>　《七星螳螂拳李錦榮國術總會四十週年會慶》，頁 164。

<u>26</u>　同上，〈監督致辭〉。

27 同上，頁 164。

28 同上，頁 166-169。

29 〈本會簡介：龍獅國術簡介〉，載於香港中國國術龍獅總會網站 http://www.hkcmaa.
com.hk/b5g/intro/intro.html，〔瀏覽日期，2022 年 2 月 6 日〕。

30 〈本會簡介：本會每年舉辦之賽及活動〉，載於香港中國國術龍獅總會網站 http://www.
hkcmaa.com.hk/b5g/intro/activities.html，〔瀏覽日期，2022 年 2 月 6 日〕。

31 〈歡迎市民參與逢星期日下午舉行的「功夫閣」〉，載於香港特別行政區政府新聞公報
網站 https://www.info.gov.hk/gia/general/200203/26/0326155.htm，〔瀏覽日期，2022
年 2 月 6 日〕。

32 〈執行委員分工〉，載於香港武術聯會網站 http://www.hkwushuu.com.hk/w_about_us_
structure02.html，〔瀏覽日期，2022 年 2 月月 14 日〕。

33 《蔡李佛北勝曾昭宇館四十五週年誌慶》（香港：蔡李佛北勝曾憲權館，2014），頁
89。

34 同上。

35 同上。

36 〈我們的故事：創立香港搏擊聯盟之由來及簡介〉，載於香港搏擊聯盟網站 https://hkfu.
net/pages/%E9%97%9C%E6%96%BC%E6%88%91%E5%80%91.html，〔瀏覽日期，2022
年 2 月 6 日〕。

37 《香港武林》，頁 550-561。

38 同上，頁 561。

39 〈香港太極總會〉，載於香港太極總會網站 http://www.hktaichi.net/，〔瀏覽日期，2022
年 2 月 6 日〕。

40 〈香港陳式太極拳總會簡介〉，載於香港陳式太極拳總會網站 http://www.hktaizhi.com/
about，〔瀏覽日期，2022 年 2 月 15 日〕。

41 Daniel Miles Amos, *Hong Kong Martial Artists: Sociocultural Change from World War II to
2020* (Lanham: Rowman & Littlefield Publishers, 2021), pp. 76-78.

42 張雪蓮：《佛山武術史略》（廣州：廣東人民出版社，2017），頁 40-44。

43 同上，頁 96-98。

44 同上，頁 81。

45 楊祥全、楊向東：《中華人民共和國武術史》（台北：逸文武術文化有限公司，
2009），頁 16-17。

46 Yupeng Jiao, "Martial Arts, Apocalypse, and Counterrevolutionaries: *Huidaomen* and Rural
Governance in Modern China, 1919-1961," PhD Dissertation, University of California San
Diego, 2020.

47 同上，頁 33。

48 同上，頁 37。

49 劉蘭雲、趙文楠、賀鎖平，〈蔡龍雲武術思想初探〉，《搏擊‧武術科學》第 8 卷第 10 期（2011 年），頁 49。

50 趙海軍：〈從當代武術概念的嬗變來看現代競技武術的發展〉，載於《軍事體育進修學院學報》第 30 卷第 3 期（2011 年），頁 22。

51 《武學探真》下冊，頁 241-242。

52 《中華人民共和國武術史》，頁 75-76。

53 〈從當代武術概念的嬗變來看現代競技武術的發展〉，頁 22。

54 馬廉禎，〈論中國武術的現代轉型與競技武術的得失〉，載於《體育學刊》第 3 期第 19 卷（2012 年），頁 117。

55 同上。

56 《中華人民共和國武術史》，頁 79。

57 同上，頁 81。

58 同上，頁 119。

59 同上，頁 119-120。

60 王文彬，〈改革開放三十年武術散打運動發展歷程回顧〉，載於《科技資訊》第 2 期（2012 年），頁 459。

61 同上，頁 170。

62 〈長拳女王摘港第 3 金 武術 1 金 2 銀謝幕 歷來最佳〉，載於 YAHOO! 新聞網站 https://web.archive.org/web/20101122090645/http://hk.news.yahoo.com/article/101116/4/laex.html，〔瀏覽日期，2022 年 3 月 23 日〕。

63 〈港隊武術世錦賽穿金戴銀〉，載於《文匯報》網站 http://paper.wenweipo.com/2011/10/12/SP1110120035.htm，〔瀏覽日期，2022 年 3 月 23 日〕。

64 〈賀敬德想學李連傑！〉，載於《東方日報》網站 http://orientaldaily.on.cc/cnt/sport/20091128/00286_007.html，〔瀏覽日期，2022 年 3 月 23 日〕。

65 〈螢光劍影‧莫宛螢〉，載於 SPORTSOHO 網站 https://mag.sportsoho.com/%E8%9E%A2%E5%85%89%E5%8A%8D%E5%BD%B1%20-%20%E8%8E%AB%E5%AE%9B%E8%9E%A2%EF%BD%9C%E9%81%8B%E5%8B%95%E9%81%94%E4%BA%BA，〔瀏覽日期，2022 年 3 月 23 日〕。

66 〈以武齊家：楊氏父女專訪〉，載於香港 01 網站 https://www.hk01.com/%E6%AD%A6%E5%82%99%E5%BF%97/246833/%E4%BB%A5%E6%AD%A6%E9%BD%8A%E5%AE%B6-%E6%A5%8A%E6%B0%8F%E7%88%B6%E5%A5%B3%E5%B0%88%E8%A8%

AA，〔瀏覽日期，2022 年 3 月 23 日〕。

67 〈加油吧，1997！南刀「的骰妹」羅芯漾：我們很捱得！〉，載於體路網站 https://www.sportsroad.hk/archives/165448，〔瀏覽日期，2022 年 3 月 23 日〕。

68 劉運紅，〈淺談寺院的商業發展對宗教的影響——以少林寺為例〉，載於《改革與開放》（2010 年 8 月號），頁 82。其他討論少林產業的作品尚有李軍，〈文化創意與「少林」品牌的建構〉，載於《平頂山學院學報》第 27 卷第 6 期（2012 年），頁 124-128；趙昱、華穎，〈「少林功夫」的品牌定位與推廣策略分析摘〉，載於《天津體育學院學報》，第 22 卷第 4 期（2007 年），頁 358-360。

69 播求和一龍兩戰的全程，參見〈《武林風》中國武僧一龍首戰泰拳王播求 兩大世界功夫體系的巔峰碰撞！20161105 期精彩花絮【河南衛視官方高清】Buakaw vs Yi Long〉，載於 YouTube 網站 https://www.youtube.com/watch?v=1fkRzmED-58；〈บัวขาว vs อี้หลง มวยไทย ปะทะ หลวงจีนเส้าหลินภาค 2（Buakaw Vs Yi Long 2）〉，載於 YouTube 網站 https://www.youtube.com/watch?v=PlffqhR8BXM。

70 K-1 的賽例見〈UNIFIED RULES OF PROFESSIONAL KICKBOXING〉，載於 Association of Boxing Commissions & Combative Sports 網站 https://www.abcboxing.com/unified-rules-kickboxing/。

71 江志強：〈香港拳壇回憶：從國術到泰拳〉，載於《頭條日報》網站 http://news.stheadline.com/dailynews/headline_news_detail_columnist.asp?id=156321&section_name=wtt&kw=137，〔瀏覽日期，2015 年 5 月 22〕。

72 〈出賽拳手〉，載於 Billy's Gym Kick Boxing 網站 http://www.billysgym.org/fighters.php，〔瀏覽日期，2022 年 2 月 6 日〕。

73 〈拳賽訊息〉，載於香港泰拳理事會網站 https://hkmuaythai.org/category/%e6%b3%b0%e6%8b%b3%e5%86%a0%e8%bb%8d/，〔瀏覽日期，2022 年 2 月 6 日〕。

74 〈女子泰拳——打出健康體態〉，載於《仁聞報》網站 http://stu.hksyu.edu/~ourvoice/release2009/200910/release200910_life02b.htm，〔瀏覽日期，2015 年 5 月 26〕。

75 〈女士學泰拳修心收身〉，載於 On.cc 東網網站 http://orientaldaily.on.cc/cnt/lifestyle/20091022/00298_001.html，〔瀏覽日期，2015 年 5 月 25 日〕。

76 見標拳館網站 https://www.facebook.com/thaiboxingbill/photos/a.428034680581911/535268833191828，〔瀏覽日期，2022 年 2 月 6 日〕。

77 〈女子泰拳——打出健康體態〉，載於《仁聞報》網站 http://stu.hksyu.edu/~ourvoice/release2009/200910/release200910_life02b.htm，〔瀏覽日期，2015 年 5 月 25 日〕。

78 陳達禮可算是香港巴西柔術的重要開拓者，見〈藝無止境：Henry Chan 陳達禮〉，載於香港 01 網站 https://www.hk01.com/%E6%AD%A6%E5%82%99%E5%BF%97/141806/%E4%BA%BA%E7%89%A9%E8%AA%8C-%E8%97%9D%E7%84%A1%E6%AD%A2%E5%A2%83-henry-chan-%E9%99%B3%E9%81%94%E7%A6%AE，〔瀏覽日期，2022 年 3 月 7 日〕。

79 〈專訪：香港土生土長 UFC 拳手 Sasha 周末挑戰強敵勇闖二連勝〉，載於香港 01 網站 https://www.hk01.com/%E6%AD%A6%E5%82%99%E5%BF%97/609933/mma-%E5%B0%88%E8%A8%AA-%E9%A6%99%E6%B8%AF%E5%9C%9F%E7%94%9F%E5%9C%9F%E9%95%B7ufc%E6%8B%B3%E6%89%8Bsasha-%E5%91%A8%E6%9C%AB%E6%8C%91%E6%88%B0%E5%BC%B7%E6%95%B5%E5%8B%87%E9%97%96%E4%BA%8C%E9%80%A3%E5%8B%9D〕瀏覽日期，2022 年 2 月 6 日〕。

80 〈香港首位 UFC 女拳手黃大菁 Ramona：無悔付出所有投入夢想〉，載於香港 01 網站 https://www.hk01.com/%E6%AD%A6%E5%82%99%E5%BF%97/740471/%E5%B0%88%E8%A8%AA-%E9%A6%99%E6%B8%AF%E9%A6%96%E4%BD%8Dufc%E5%A5%B3%E6%8B%B3%E6%89%8B%E9%BB%83%E5%A4%A7%E8%8F%81ramona-%E7%84%A1%E6%82%94%E4%BB%98%E5%87%BA%E6%89%80%E6%9C%89%E6%8A%95%E5%85%A5%E5%A4%A2%E6%83%B3，〔瀏覽日期，2022 年 3 月 2 日〕。

07

中國武術的新領域

十多年前《逝去的武林》一書出版，引起好些愛好武術人士的關注。有人神思中國武術的博大精深；有人暗嘆生不逢時，錯過武林盛世；有人讀後半信半疑。人人對此各有解讀和認知，自可明白。且引書中幾段文字給大家細味：

> 唐師有個徒弟叫丁志濤，被稱為「津東大俠」。天津東邊兩個村子爭水，即將演變成武鬥，丁志濤去了。動手的人過來，他一發勁打得人直愣愣站住，幾秒鐘都抬不了腳，這是形意的劈拳勁，一掌兜下去，能把人「釘」在地上。
>
> 他「釘」了十幾個人，就制止了這場武鬥，也因此成名。

> 嚴格說來，形意拳古規矩是不准帶藝投師的，而且還有個理想說法，師父和徒弟的年齡最好相差十五歲。因為體操可以從小練，練拳必須等待十五歲時骨骼基本長成後才可以練，當然把武術當體操練的除外，那是沒得真正傳授，光比劃胳膊腿的。但徒弟十五歲，師父三十歲，正是他要建功立業的時候，實在忙不過來教徒弟，而且師父在三十歲時不見得功夫就能成

就。就算成就了，畢竟是尚且年輕，心態不見得成熟，難以對徒弟有體貼的指導。而老了以後，對武功的體驗更深，說一句話便有準，但又有一弊，就是人老心也老，江湖閱歷深了，凡事都有防人之心，教徒不見得會盡心，十句話藏三句，許多當徒弟的就是在這種拖延的考驗中堅持不住，終於沒有學成。另外，練武體會深，知道的歪路多了，不敢亂說話，以免徒弟誤會，練歪了，所以定缺乏三十歲的熱情，講得不會特別生動，跟老人學拳要有耐心。

學武得整個地學，練功夫的時候，一個動作，什麼都練在裏頭，比武的時候也要整個地比，什麼都帶着，管它用的是崩拳還是劈拳，一出手就是整個形意拳 —— 這是練武人最終必須達到的……[1]

門派各有長短，每個時代都有能人異士。但在往日，無論武功內涵還是江湖典故，都靠口述或以有限的文字資料傳播，所以真假夾雜，想像無窮。求武術改造，晚清民國至今已過百年。將武術和體育接軌、用科學解釋武術的生理和心理功能，從實踐驗證武術的效用、挑戰各種談玄說怪，大概不是今天習武者可以全數拒絕的方向。當然，每一項的進境又各有不同。

今天資訊科技發展驚人，訊息無遠弗屆，靠着互聯網，無論何事何物，今天的、昨天的，彈指之間就展示在熒幕。在 YouTube、Instagram 和微博，今昔的武術英雄，被逐格研究、評論、歌頌或嘲笑。[2] 虛擬平台上，人人皆可以專家自居，肆無忌憚討論門派武術歷史源流和中外武術強弱，或者上載動作示範影片和宣傳武術活動。[3] 要交流切磋，何妨手底下見真章，戰帖一張激起千重浪，某時

某地相見，規矩見面再議，新武術現象「網聚」取代了從前天台「講手」，擂台無處不在。[4] 甚至有現代劍客千里迢迢來到香港，與本地高手比試。[5] 今天要當武術英雄不再容易。1980 年代的「特異功能大師」張寶勝，可以在江湖打滾十多年，後來「柳龍拳」的洋相一早無所遁形，[6]「閃電五連鞭」更極速破產，被二次、三次、N 次創作後，已成武林笑話。[7]

　　武術的發展本來就該實事求是，真功夫當然值得敬仰。但時代始終不同了，應該弄清楚那些是社會所需的、那些是中國武術能夠

澳門舉行的 UFC 比賽（攝於 2014 年 8 月 23 日）

提供的，思考武術有那些方面更待開拓、那些該轉化，是關乎當今武術定位的關鍵問題。根據現代的學術範式和社會制度，武術的技擊、教育和社會功能已被分割，由不同的組織和單位去達成。昔日的武術承傳的基礎——師徒關係——並非沒有缺點，也難逃式微的命運，但時下的訓練班又不可以完全取而代之，新的鍛煉空間和承傳形式還得我們好好發展。

格鬥以外的文化面相

「中國傳統武術能不能打？」似乎是一個不能迴避的議題，在一片挑戰、嘲笑、叫陣、辯護、反嘲之聲中，反對和支持者相持不下。有人終於按捺不住踏上擂台挑戰，因訓練形式不盡相同，感覺上還是傳統武術稍處下風，一些未必明智的解答加上旁人的指手畫腳，「賽例妨礙發揮」、「中國傳統武術是殺人技，不適合擂台格鬥」、「上場者學藝不精，不代表中國傳統武術不濟」等換來「時間、賽例你來定，讓你最好的習者放馬過來」、「實踐是驗證真理的唯一方法」的追擊。於是雙方唇槍舌劍，連珠爆發，但始終台上失威，掛免戰牌的還是欠說服人的架勢。

問題在於，到了二十一世紀的社會，「能不能打？」是否真的就能道盡了傳統武術的價值？我們且看以下兩個例子。現代劍擊源自文藝復興意大利，好幾個世紀是殺人技，熱兵器普及之後，逐漸變成體育項目，組織、規則和儀器不斷進步。1896 年一套完整的劍擊運動規則形成，現在使用精準的電子計分儀，讓比賽更公平地進行和評分。[8] 深受香港劍擊前輩曾俊華敬佩的劍手和教練艾瑞克・泰尼森・索利（Eric Tennyson Sollee, 1926-2008）於 1946 年因緣際會在朝鮮巧遇劍擊，後來在哈佛唸書時全情投入訓練，穿州過省比賽，

花劍、重劍和佩劍的冠軍獎牌多不勝數,後來致力推廣劍擊教育。1967 年甚至利用劍擊的內容去訓練盲人對周圍的空間的敏感性。[9]劍擊開發了的不同領域,惠及無數人。但我們大概不會問「劍擊能不能打?」

另一例子是劍道。從十二世紀的鐮倉時代（1185-1333）開始,持劍尚武的武士,在日本社會扮演着軍政的吃緊角色。江戶時代（1603-1867）更是武藝和精神的象徵,各大流派陸續誕生。但明治維新開創的現代軍事系統,預示劍術和武士的沒落。明治九年（1876）的廢刀令是一個重要標記,翌年薩摩軍以刀劍狠擊明治新軍,也只是冷兵器時代的最後怒吼,但劍術之後卻走出了劍道的新途,快速成為培養體能、氣概和精神的新法式。從最初的軍警訓練,到後來成為學校課程,二次大戰結束前,和柔道、弓道等同列為培養國民士氣和戰鬥力的重要手段。戰後劍道短暫被禁,但 1953 年後重新列入學校體育課程。1970 年國際劍道聯盟（International Kendo Federation,FIK）成立,[10]劍道成為了全球性、有裁判和規則的競賽。今天的習者認知劍道對身體、精神、意志、責任感和合群性的好處,[11]但卻未必斤斤計較「劍道能打嗎?」

拳擊是現代競技運動中,仍以擊打和對抗對手為核心的主要競賽運動,對傳統中國武術的現況和發展,或者更有參照價值。以拳頭來自衛和擊敵相信是人從本能發展出來的技藝,從古代埃及、希臘和中國都有相近的記載。至十八世紀,英國人逐漸將拳擊體制化和競技化,不斷完善規則和賽制,至 1904 年成為奧運項目。[12]今天全球習拳擊者難以估量,每地都有各種拳擊會和俱樂部,全球性的職業聯盟包括世界拳擊協會（The World Boxing Association）、世界拳擊理事會（The World Boxing Council）、國際拳擊聯合會（The International Boxing Federation）和世界拳擊組織（World Boxing

Organization）等。

　　拳擊顧名思義以拳打擊對手，但步法和身體閃動是此項目的精髓，手、身和腳步配合，打法千變萬化。拳擊的技術在對戰中培養而來，對體能和抗打力要求嚴格，所以不少其他格鬥競賽中的選手都在不同程度上師法拳擊。縱然拳擊是在嚴格規定下的搏擊競賽，拳擊手因其技術、對打經驗和體能，應該都是在現實環境中較「能打」的一群。只是，要達到如一般拳擊手程度的「能打」，個人須長年累月鍛煉身體（包括速度、力量、靈敏度、耐力、抗打）和心理（戰意、專注、快速反應、情緒控制、訓練）質素，並且和不同對手進行密集比試方可。假如要踏上擂台，就更需要和專業團隊緊密合作，動用非常多的資源。傳統中國武術要「能打」，大概應有類似或者自成一格的嚴格訓練方式。問題是，是否每個學習者都必須有志於接受如此的訓練？

　　堅持以格鬥和實戰為武術核心內涵的人，當然有他們值得尊重的地方。但畢竟任何傳統，無論物質性和非物質性的，都會隨時代的前進而演化。語言、表演藝術、社會實踐、觀念抑或手工藝，傳授者和學習者的體會亦會不斷改變。傳授者可能對任何細節都珍而重之，但學習者則可能另有所求，或從中體會到不同的內容。如哲學家和社會學家相信，人無休止地尋找人生或個別行為的意義。在同一時空中，不同的人群，因為背景、願望和人生計劃不盡相同，儘管做着同一樣的事情，所得經驗和領會都不會一致，他們將所得的再呈現的方法和載體更是不同。就如研究史學理論聞名的柏克（Peter Burke）所說，文化是一個由群體共享的意義、價值和態度組成的系統，兼有表達和包含上述元素的象徵形態（表演、器物）。[13] 昔日的文化史研究，一體地看待文化，視所謂的精緻文化（High Elite Culture）為代表，講的是社會上有權勢的受高等教育

一群的價值觀、口味和生活方式。隨着研究角度日趨寬廣，女性、勞工、同一社會中的大小族群的經驗和眼光各不相同，他們表達這些元素的方式，都已經得到同樣的重視。簡單說，我們所說的文化由大小不一，形態多姿，有不同發展速率和方向的聚合組成。在這些聚合中的人群有各種生活體驗，會解釋這些體驗的意義，也用不同的文化和符號將這些體驗和解釋記錄、呈現和傳播。[14] 回到武術這個我們關心的題材，今天的武術仍有攻防格鬥、健體養生、修心養性的各種功能，但優次秩序卻人人不一，有人甚至可以超越這些領域，再開天地。中外文化交流源源不絕，看中外武術異同，觀文化殊途同歸，為何不是一個武術境界？回到武術的原生態，感受武術、禮儀、信仰、民生物用和人際關係的有機性，或能為傳統賦予新的價值。不爭朝夕，各自修行，知自然、知奧秘、知一己之有限，擂台榮辱，與我何干？香港開放的氛圍，蓬勃的媒體和文化氣氛，正讓上述各自發展，各自表述。

有幸認識以下幾個武者，當中有師有友，實則每位都亦師亦友。他們的武術之路，是香港武術，以至文化的新近歷程的縮影。

劍的跨文化之旅

修道的路上，柳暗花明，初心應存，但不該成為牽絆。一路走來，喜則結伴同行，但亦何妨堅持獨行，就是迷徑知返，也只道緣分至此。千月堂館主郭世孝，習戶山流居合道逾十六年，劍開一段跨文化的旅程。

資訊科技世代，文學創作的影響力未滅，前人沉醉於還珠樓主或者我是山人的作品，喬靖夫一鳴驚人之作《幻國之刃：超劍士殺人事件》卻把郭世孝帶進劍道，再輾轉走入居合道，主角高橋龍一

郎的身影至今常在其念中。慶幸有兩位志同道合的劍友，合資合力打造的「千月堂」已經走上第七個年頭。[15] 居合道的主要成分是坐着或站着抗擊來犯敵人，今天的鍛煉方式以個人練習為主，我們常見的習者以利刃斷木，是鍛煉一大重點。因為講求身心合一，精神專注，融匯環境，居合道能給予習者極大的精神養分。另外，和日本的茶道和花道等一樣，居合道有極為豐富的禮儀，從穿衣、攜刀姿勢、進場、對神座之禮、演練、座禮以至退場都環環緊扣，讓習者一步一步地進入鍛煉的狀態，讓精神和技術融入傳統，神思回到某一個歷史時空，虎虎刀風和周遭環境起了共鳴，心靈所得，無可言喻。

居合道對練之一（千月堂提供）

居合道對練之二（千月堂提供）

　　不少本港武者從中國武術走向外國武術，郭世孝反其道而行，在居合道的基礎上吸收中國武術，將洪拳的肢體、肌肉、身體平衡的各種鍛煉，融入居合道。身心修煉之外，武術也得求用；雖云不爭朝夕，造詣如何，也得印證一番。同館、同流的對手，路數相通，久而久之未必能再帶來新刺激。媒體和朋友圈引渡之下，他才發現巨大的歐洲古兵器世界，還驚覺僅是香港一地，走在前面的人便不在少數。有鬥爭自有武術，希臘人開創的角力為今天奧運項目的源頭，劍擊的前身是流傳中古至文藝復興時代的各種劍藝。近代戰爭科技的飛躍，教人將十三至十八世紀歐洲武術的輝煌拋在後面，但在十九世紀末，英國和歐洲大陸的軍人和文士都努力重建這個傳統。他們有的專注武藝，努力傳承劍術、杖術和角力，有的全心於文字工作，搜集古文獻，誓要重塑似已湮沒的武術風貌。今天「歷史歐洲武術」（Historical European martial arts, HEMA）在歐

洲大陸和英語世界不乏習者，在內地也大有捧場客。[16] 今天只要有心，那管是德國長劍（Deutsches Langschwert）還是意大利的護手刺劍（Rapier），要學習總能找到途徑，沒有教材不再是藉口。在香港的英靈歐洲武術會（Einherjar HEMA Club – Hong Kong）建立組群已約五年，成員習劍練武，互相比試也交流訊息。[17] 郭世孝作為少數的東方劍術參與者，很快成為「異種格鬥」的常客，最大所得，除了開眼界、增自知之外，也把競技元素帶回自己的道場，慢慢滲於教程之中。在跨文化交流中進步，相信是其他中國武者的共同願望。

武術原生態的重塑和再造

從前的武術，來自生活，用於生活。今天武術的實用價值未必一樣，但為武術尋根，並將之重新聯繫到所屬社群，是學術界應着眼的工作，對某些人來說也是身份的重塑。香港的武術研究，以人物為主的不少，如李家文的近作《武藝傳承：香港葉問詠春口述歷史》（香港：三聯書店〔香港〕有限公司，2021）以口述歷史補足一般的憶述，講葉問、講詠春、也講一個時代；謝秉中口述，倪秉郎記錄的《拳以載道：香港楊家太極拳元朗一脈七十年》（香港：經濟日報出版社，2020）則聯繫到一個門派和一個地區的發展。

對客家武術的研究，更層層剖開客家武術的社群、禮儀和信俗。客家人長期活動於山路崎嶇與地形複雜的區域，發展出來的武術幅度小、動作短速有力；武器方面，順手拿來是日常使用的農具，如耙和擔挑等，[18] 無需專門打造。至於用武，一方面出於防匪防盜、保護居住地所需，一方面出於人口繁衍、耕地水源等問題，而出現攻擊與械鬥的情況。[19] 著名的土客械鬥，資源問題便是誘因之一。[20] 與天險鬥、與人鬥，靠自力也靠外力，所以客家武術有瑞

獸文化、神功醫藥一面。如果無視各種元素的有機結合，就難窺客家武術全豹。可幸近年的研究正朝這方向走，可以作為其他武術文化研究的借鑑。

早年來港客家人同樣要為捍衛家園習武，[21] 並發展出流行至今的拳派，客家武術包含的麒麟、神功以及醫藥，亦得以延續。麒麟為中國文化中的瑞獸，是吉祥如意的符號，落入在不同的層面，諸如建築、[22] 器具，[23] 以及武術。廣東一帶，客家武術與麒麟是一體兩位。清代遺老陳伯陶（1855-1930）等人重修的《東莞縣志》，為後世留下一段文字：「結隊鳴鉦鼓，以紙糊麒麟，頭畫五采，縫錦被為麟身，兩人舞之，舞畢各演拳棒」。[24] 舞動麒麟後，便是演武。武術與麒麟相隨，箇中原因，既與體能有關，亦與外觀相連。體能方面，舞麒麟的動作要低，又要承擔麒麟頭的重量；因此，武術的訓練以加強腰、大腿與手臂，培養肌肉耐力為主，讓身體更好地支撐、舞動麒麟。外觀方面，麒麟頭舞動時的角度、麒麟身體的呈現，與武術訓練的原理相通，例如武術要求的項豎、含胸、裏肘，讓麒麟頭保持一定的角度而不會下陷、麒麟身體呈現圓順而不會凸出。客家功夫講究的「吞吐浮沉」、「驚彈勁」（一種在短時間內爆發的力量），同樣見於舞麒麟。[25] 今天香港的客家師父受邀在大型儀式表演，仍盡量保持先麒麟，後「開棚」（表演武術）的次序，[26] 可見武術與瑞獸文化的交融今天仍保留在客家人的禮儀之中。

據說，在香港，早期的客家村落會延請武者入村，兼授村中子弟明功和神功醫藥。[27] 明功是拳術，神功是茅山法術，[28] 旨在消災、治病、除魔。[29]《客武流變 —— 香港客家功夫文化研究》一書，記述了兩位師父的回憶：「藍玉堂憶述習武與客家麒麟的經歷時指出：……師父會明功、神功。他為麒麟開光時，需要寫符、請神、清水灑淨，以及唸口訣。李春林曾提到：神功包括西天、六壬、茅

大欖涌麒麟演練（劉繼堯博士提供）

山、風火院。客家人大多有神功的傳統；而明功是指功夫。」³⁰ 至
於客家功夫和醫療的關係，李天來憶述，在學習周家螳螂一段時間
之後，其師葉瑞宗替他進行「引火歸元」儀式，將他納為準入室弟
子。這儀式與中醫的治療方式 —— 引火歸元或稱回陽救逆，相當接
近。以上各項，呼應曾桓輝運用文獻和田野考察，連繫客家傳統的
體育活動、表現形式及文化特徵。³¹

麒麟表演（劉繼堯博士提供）

武術文化的重構之外，推廣亦得再尋門徑。武術的傳統傳授方式是口傳身授，但科技日新月異，今天天涯猶毗鄰，只要用之得法，個人體驗可以穿越萬里，感動大群。休看一眾拳壇名師年紀漸長，他們以資訊科技推廣武術並未落後於人。大聖劈掛門李飛標六歲起隨父習大聖劈掛門武術，十九歲拜陳秀中為師，武術更進一步，八十年代在擂台屢獲佳績，1987 年設館授徒。在推廣工作方面，一大突破是成功爭取將大聖劈掛門武術列入香港非物質文化遺產清單，之後展開一連串工作，當中包括線上和線下的分工。線上的工作在 2020 年 3 月，得到非遺辦的支持下開展，成為「非遺資助計劃 —— 社區主導項目」之一。[32] 李飛標聘請製作公司，聯同「大中華非物質文化遺產傳藝會」，製作了十六集「傳承影片」，介紹大聖劈掛門的源流、拳種和基本原理，參與者可以先嘗試在線上對大聖劈掛門的種種作初步了解，覺得值得作進一步體驗時，才參加線下的實體工作坊，和李飛標的團隊一同鍛煉，並且親身感受對練時的肢體活動、距離感、時間性和對抗性。

工作坊吸引的對象是中學生，可惜因為疫情關係，十場工作坊未能一一如期舉行。但李飛標的團隊仍然馬不停蹄，一有機會便到各校進行推廣活動。這種線上線下並行的方法，可以說是將來武術發展的新方式。

新的武術空間

環境一轉，啟動的連鎖反應往往不在預期之中，只道走着走着，回首驚覺早已跨越萬重山。洪拳麥志剛一向堅持傳統，從源流、拳腳兵器法度以至師徒之禮，事事一絲不苟，授武之間，從八十年代自設武館，到九十年代因為北上工作而暫時退隱，到過

大聖劈掛門社區項目宣
傳（李飛標師父提供）

大聖劈掛門線下工作劫

去二十年隨着武術退潮而改為在體育館和公園授課。進入 2010 年代，他廣獲邀請到海外授武，足跡踏遍匈牙利、德國、西班牙、俄羅斯、美國等地。香港的訓練班剛落腳「武藝館」，還以為可以在正式的館舍傳授更完整的洪拳武術，一場無休止的疫情，打亂了既有的安排，也開了另一扇窗。限聚令時鬆時緊，戶外康樂設施未能常供使用，大家活在惶恐之中，練武的心情大受影響。在意興闌珊之際，新工具 Zoom 照射出一片天，從 2020 年初起，麥師父按時用 Webinar 或 Zoom meeting 的形式，教授各式拳腳兵器套路，並定額收費，效果也是出乎意料之好。雖云未必可以和親身教授相比，但也未嘗不是新的門徑，更有趣的是，各地名師的 cross-over 討論，也漸成重要項目。

洪拳 webinar（麥志剛師父提供）

縱然隔着屏幕，武者的心得和意念還是可以相通，所以和英國的 James Carss（意拳）交流拳的意念（2020 年 4 月 10 日）；和日本的 Ceberano Tino Hanshi（空手道）比較三戰與鐵線拳的異同（2020 年 9 月 1 日）；和美國的 Alex Richter（詠春）講剛柔、長短手（2020 年 11 月 14 日）；和美國的 Stephan Berwick（陳式太極）討論發勁（2021 年 5 月 18 日）；和加拿大的 Lorne Bernard（永春白鶴）對話鶴形（2021 年 3 月 2 日）；和香港劈掛通臂拳學會交流北槍南棍（2021 年 7 月 31 日），效果都非常理想。線上活動是新的空間，補充實體教學，帶來新的機遇，可見武術師父並未落後於人。

洪拳與陳式太極網上交流
（麥志剛師父提供）

科技雖好，但喜歡在實體空間中共處、共同鍛煉，有真切的情感交流，也是很多人的選擇，所以不少師父縱然辛苦，也還是努力營運自己的拳館。奈何香港租金樓價非一般師父可以承擔，要維持一個像樣的練習環境並非易事。之前有緣和太極名師、國家級運動員李暉一同主持一個節目，休息時和她談及一些經營方式，頗值得一眾以傳承武術為己任者借鑑。[33] 她提到拳館縱然不需要極盡豪華，也得是一個大家喜歡涉足、經常逗留之地；其次，拳館成員，也應該是學員樂以為伍的人；最後，課程內容應該完整和有梯次，並且有適當考核。關於最後一點，武術界人士年來已經努力多年，第一、二兩點是較大的挑戰。李暉以其造詣名氣，能打造出古典亮麗的練武空間，習者紛至，也可以因應他們的不同需要開設不同的班別。其他師父未必能夠依樣畫葫蘆，但也無需過於悲觀。強調系統化訓練，輔以實戰經驗的楊永勳（Jerry Yeung）守得住「純詠春」的兩間拳館，便是成功的例子。其他人稍動腦筋，也不至沒有出路。

簡潔舒適的興東堂（興東堂提供）

　　座落新蒲崗一棟工業大廈的慧心拳館興東堂，[34] 概念來自今天工商業常用的 co-workplace。主要的三位師父包括教授意拳和菲律賓杖法的伍智恆、合氣道的鄭繼昌，以及八極大槍的盧韋斯。三人是伙伴關係，在不同時段利用場館教授自己熟悉的武藝，地盡其利之餘，亦可分攤租金。因此，興東堂地方不大，卻是窗明几淨，大異於我們想象中幽暗簡陋的舊式武館。也因為成本可以共同分擔，他們的學生雖不至很多，但也能分班教授，以切合學生的不同目的和需要。搏擊的歸搏擊，養生的歸養生，不衝突也無矛盾，人人各有天地。

伍智恆與意拳徒眾（興東堂提供）

合氣道鄭繼昌師父與徒兒（興東堂提供）

　　讀翻譯出身的伍智恆有更大的願景，希望從小空間跨入其他界別，他滿腦袋的計劃，例如用科學講解意拳動作的肌理運動、武術與哲學對話、武者和舞者的肢體交流等。

　　在這年頭從小做起，大家的心念大概只是「盡力而為」；若問到底能走多遠，還不是「事在人為！」

註釋

1　李仲軒口述，徐皓峰整理，《逝去的武林》（北京：當代中國出版社，2006），頁 21、110、245。

2　前人是否真的較強，張之江的太極拳打得如何，看過片段，大家都可自行判斷。見〈Rare Chinese Martial Arts Footage from 1930's〉，載於 YouTube 網站 https://www.youtube.

com/watch?v=ocMJfZkADI4。

3 「香港討論區」，和「Uwants」都有武術討論區，紅極一時的《華山論劍》（www.kungfuboard.com）今天再戰 Facebook。

4 例如〈功夫網聚 9 練習 跆拳 VS 詠春〉，載於 YouTube 網站 https://www.youtube.com/watch?v=irnxzovv5rY；〈功夫網聚 -C-12 泰拳 VS 詠春〉，載於 YouTube 網站 https://www.youtube.com/watch?v=QhCwg2Q5Ds0 等。

5 擬真兵器網站（http://www.rsw.com.hk/c-index.htm）成立至今已有十多年，是探究和進行自由劍擊的網站，不但替顧客訂做各種仿古今中外的兵器，並且定期舉辦劍擊比賽和活動，讓一眾武術和兵器愛好者自由切磋，也常有外國同道來港參與活動。

6 柳龍拳是一位年紀不輕的日本武者，聲稱能隔空打人，授武片段也有上載互聯網。後來多次與職業拳手對賽，每次都被修理。見〈合 達人 柳龍拳 70 歲再戰江湖 仍被秒殺！〉，載於 YouTube 網站 https://www.youtube.com/watch?v=nVDcxD-LBtw。

7 「閃電五連鞭」是自稱桃李遍全球，曾力克英國搏擊冠軍的渾元太極掌門人馬保國所創。他在 2020 年 5 月 17 日對陣年近五十歲的民間武術愛好者王慶民，沒能發揮「閃電五連鞭」的威力，僅三十秒就被擊倒昏迷。

8 約翰・哈門伯格（Johan Harmenberg）著，王瑛、曾俊華譯，《重劍 2.5——從麻省理工到天下第一劍》（香港：超媒體出版社，2019），頁 10。

9 同上，頁 26-27。

10 〔日〕湯野正憲、〔日〕岡村忠典，《劍道教室》（台北：聯廣圖書公司，2002），頁 13-17。

11 同上，頁 8-9。

12 何正方、呂永祥編著，《拳擊》（台北：國家出版社，2005），頁 10-13。

13 Peter Burke, *Popular Culture in Early Modern Europe* (New York: Harper and Row, 1978), p. 270.

14 John Tosh, *The Pursuit of History, 5th edition* (Harlow: Pearson Education Limited, 2010), p. 247.

15 見千月堂日本傳統劍術道場網站 https://www.katana-hk.com/home。

16 見 Historical European Martial Arts 網站 https://historicaleuropeanmartialarts.com/。

17 見英靈歐洲武術會網站 https://www.facebook.com/EinherjarHEMAClub/。

18 〈武器與訓練工具〉，載於客家功夫網站 http://hakkakungfu.com/exhibits/weapon_and_training_tools，〔瀏覽日期，2021 年 7 月 10 日〕。

19 伍天慧、譚兆風，〈粵東武術特點形成的緣由〉，載於《體育學刊》第 2 期（2005 年），頁 64-65。

20 劉平，《被遺忘的戰爭：咸豐同治年間廣東土客大械鬥研究》（北京：商務印書館，2003 年）。

21 何家麒、朱耀光，《香港警察——歷史見證與執法生涯》（香港：三聯書店〔香港〕有限公司，2011 年），頁 32；《客武流變》，頁 72。

22 柳肅，《營建的文明：中國傳統文化與傳統建築》（北京：清華大學出版社，2014 年）。

23 馬如高：〈一件出土漢代彩繪雲氣瑞獸紋漆樽的修復〉，載於《文物保護與考古科學》第 3 期（2015 年），頁 108-111。

24 轉引自于芳，《舞動的瑞麟：廣東麒麟舞》（哈爾濱：黑龍江人民出版社，2010 年），頁 19。

25 趙式慶主編，劉繼堯、袁展聰著，《武舞民間：香港客家麒麟研究》（香港：商務印書館〔香港〕有限公司，2018 年），頁 36、40。

26 同上，頁 59。

27 同上，頁 7。

28 江志強：〈黑帶論壇——客家功夫：朱家教〉，載於《頭條日報》網站（2010 年 11 月 26 日）https://hd.stheadline.com/news/columns/137/20101126/129935/%E5%B0%88%E6%AC%84-%E9%BB%91%E5%B8%B6%E8%AB%96%E5%A3%87-%E5%AE%A2%E5%AE%B6%E5%8A%9F%E5%A4%AB-%E6%9C%B1%E5%AE%B6%E6%95%99，〔瀏覽日期，2021 年 7 月 10 日〕。

29 任繼愈主編，《中國道教史》（上海：上海人民出版社，1990）；卿希泰主編，《中國道教史》（四川：四川人民出版社，1993 年）。

30 《客武流變》，頁 97。

31 曾桓輝，〈客家民俗中的健身文化現象解析〉，載於《嘉應學院學報（哲學社會科學）》第 30 卷第 9 期（2012 年），頁 22-25。

32 〈非遺武術（大聖劈掛門）線上傳承計劃〉，載於非物質文化遺產辦事處網站 https://www.lcsd.gov.hk/CE/Museum/ICHO/documents/10969700/23828640/AC05_2019.pdf，〔瀏覽日期，2022 年 2 月 11 日〕。

33 〈鏗鏘說：「暉」灑自如〉，載於香港電台網站 https://www.rthk.hk/tv/dtt31/programme/the_screeningroom/episode/748204，〔瀏覽日期，2022 年 2 月 11 日〕。

34 見慧心拳館興東堂網站 https://www.facebook.com/wskk.hdt/。